CRECER EN
CLIENTE$

Marketing estratégico y táctico para conseguir
y fidelizar Cliente$ en un mundo complejo

BUENOS AIRES 2020

Ascher, Mario

Crecer en cliente$: marketing estratégico y táctico para conseguir y fidelizar cliente$ en tiempos complejos / Mario Ascher ; Gaspar Gracia Daponte ; Alejandra Fehrmann. - 1ª ed. - Ciudad Autónoma de Buenos Aires : Gárgola, 2020.

320 p. ; 23 x 16 cm.

1. Marketing. I. Gracia Daponte, Gaspar. II. Fehrmann, Alejandra. III. Título.

CDD 658.812

Diseño de tapa: **BE3 Group**
Diseño de interior: **Departamento de Diseño Modelo para Armar**

© 2020 Gárgola Ediciones
de Modelo para Armar SRL
Reservados los derechos

Impreso en Argentina

Gárgola Ediciones
Venezuela 726
(1064) - San Telmo - Buenos Aires
Tel./fax: (054 11) 4331 4204
ventas@gargolaediciones.com.ar
www.gargolaediciones.com.ar

Gaspar Gracia Daponte
Alejandra Fehrmann
Mario Ascher

CRECER EN
CLIENTE$

Marketing estratégico y táctico para conseguir
y fidelizar Cliente$ en un mundo complejo

Gárgola

Índice

Referencias/TESTIMONIOS

"Ante la ocurrencia de un fenómeno disruptivo, la clave pasa por entender qué es lo que cambia, pero también qué es lo que no cambia.

Frente al shock es habitual caer en la tentación de pensar que nunca más nada volverá a ser igual. Sin embargo el buen pensamiento estratégico parte de comprender cuáles son las estructuras y los patrones sobre los que se apoya cada uno de los sucesos que sacude la calma inestable del mundo VICA (Volátil, Incierto, Complejo y Ambiguo). En este entorno, pensar bien es atreverse a pensar complejo. Es necesario decodificar y comprender la multicausalidad y los efectos de retroalimentación, evitando en simultáneo que dicha complejidad nos enrede a punto tal de paralizarnos. Este es el desafío al que nos enfrentamos para Crecer en Cliente$ en el siglo XXI. En primer lugar, abordar la profundidad de lo humano, porque los Cliente$ siempre son, pase lo que pase, y antes que ninguna otra cosa, personas. En segundo lugar, contextualizar lo que revelan los hechos para descifrar que mensajes nos manda la data. Y finalmente, transformar toda esa materia prima en estrategias viables, accionables, realistas, concretas. Convicción y flexibilidad. Potencia y sensibilidad. Aplomo y agilidad. Aquello que en otros tiempos hubiera resultado opuesto y contradictorio, hoy emerge como el nuevo mix que necesitamos para interpelar a los consumidores en este nuevo tiempo. Crecer en Cliente$ trae un aporte fresco, vigoroso, preciso y actualizado para que sepamos cómo hacerlo".

Guillermo Oliveto
Fundador y CEO de W
Especialista en consumo, sociedad, marcas y comunicación

"Retener y Crecer en Cliente$, ha sido y es hoy un imperativo. Es estar bien parado, es tener un objetivo, ratificando lo que se aprendió y corrigiendo el rumbo cuando es necesario.

Es tener una guía válida y autorizada, a la que recurrir, en especial en estos momentos

Bienvenida la ayuda que representa retener y crecer en clientes".

Marta Harff
Emprendedora

"Crecer en Cliente$ es uno de los mayores desafíos al que se enfrentan a diario todo tipo de emprendedor y Marketer, no sólo por los condicionamientos que se derivan del contexto sino también por el "poder" que detentan los Cliente$ informados. Qué mejor respuesta a este desafío es haber reunido aquí lo vigente del Marketing con la ejemplificación de casos de éxitos. ¡Enhorabuena!"

PhD. José A. Podestá,
Director de *Tu Marca Personal*

"En un mundo en constante cambio y además acelerado por el COVID, este libro nos reenfoca en la importancia de los Clientes y los procesos de retención de los mismos. La velocidad y profundidad de los cambios nos obligan, más que nunca, a estar atentos a la evolución del cliente. La segmentación y profundización de la relación con el cliente es clave para lograr los procesos de fidelización. Hoy, más que nunca, tenemos que reemplazar el concepto de Retención por el de Reconquista.

Los autores recorren todos los temas necesarios a tener en cuenta para el desarrollo de un proceso de crecimiento en base a la consolidación de la relación con el cliente. Mario y su nuevo coautor, tienen una muy larga y profunda trayectoria basada en los procesos de relacionamiento con el Cliente. Este es un excelente resumen de los mismos. Un muy buen libro de cabecera para Crecer en Clientes".

Alfredo E. Blousson
PhD, Director del Consejo Académico de la AAM, Director en ESADE y Profesor de Posgrado en diversas Universidades. Empresario y Consultor

"Having welcomed Mario to our annual CRM event in Chicago for all of the last 25+ years, as well as having worked with him on speeches and Client projects, it is easy to say that Mario's knowledge and expertise of Customer Marketing (both real-world and academic) is exemplary. His hard work and dedication to his craft, as well as his mentoring abilities, are well known by many in our organization. I have personally sought his wisdom and guidance on business numerous times over the years. Mario was instrumental in the early years of CRMC, offering an expert's view around our Retail Clients' marketing strategies. Growing Customer$ will offer readers insight into his extensive resume of experience and teaching students at the university level".

Devon Wylie,
CEO - Customer Relationship Management Conference (CRMC)

"Cuando se produce un evento de proporciones globales, lo mejor es recurrir a la mirada de la experiencia, a la esencia del marketing para interpretar los acontecimientos. Mario Ascher, Gaspar Gracia Daponte y Alejandra Fehrmann, socios de la AAM, nos traen el aplomo y la experiencia necesaria, para entender esta nueva realidad, a la luz de un interesante análisis de casos. Bajo este aporte, podremos repensar la realidad que vivimos como una superposición de situaciones inesperadas que dan como resultado un consumidor distinto, no registrado hasta hoy, pero que el marketing puede analizar. Crecer en Cliente\$, implica la supervivencia misma en un mundo donde todo cambió. Gracias por el aporte y especialmente por el momento. Era necesario!"

Gustavo Valdemoros
Presidente de AAM - CEO de Red Link

"Mario y sus coautores abordan en su libro el tema clave del mundo moderno: los Cliente\$. En un texto práctico y con sugerencias útiles nos regalan sus experiencias exitosas en el mundo de los negocios.

En tiempos post pandémicos nada más útil que un libro que ayuda a entender y saber cuál es el camino del éxito comercial.

Un gran honor poder emitir una opinión sobre Mario Ascher que nos enseña desde siempre".

Gustavo Oscar Domínguez,
Managing Director Campari España

AGRADECIMIENTOS

Gaspar Gracia Daponte

A mis padres, Rubén y Mónica, que me inculcaron el valor de la educación, la honestidad y la vocación de pensar en el otro. Y me acompañaron en cada una de las decisiones que tomé en mi vida personal y profesional para llegar hasta aquí. A mi hermano Gastón, que contribuyó tanto para que tenga la libertad de encontrar mi verdadera vocación y fue un aliado incondicional durante toda mi vida.

Eterno agradecimiento a mi mujer, Ivana, que ha sido un pilar fundamental para equilibrar los desafíos profesionales con la conformación y el crecimiento del proyecto más importante que encaramos en nuestras vidas: nuestros hijos Camilo y Alma. Gracias a ellos también por enseñarme cada día y desafiarme a ser una mejor persona.

A mis docentes. Todos han dejado una huella imborrable. En especial a María Teresa Andruetto que selló mi vínculo con la lectura y la literatura y al Cr. Mignorance que me abrió la puerta al mundo de la administración y la economía de empresas. A los enormes profesionales que marcaron mi formación de grado: Beto Lorenzati, Aldo Merlino, Gonzalo Roqué, León Schocrón y Alejandra Arata.

A mis mentores profesionales y queridos amigos Victor Vaggione y Silvina Brussino. Los años de práctica profesional en su consultora durante mi paso por la universidad fueron determinantes para mi crecimiento futuro. Su excelencia profesional solo fue superada por su calidad humana. Y a Jose Eidman, socio y mejor amigo con el que hemos recorrido los más desafiantes proyectos que fueron dando forma a nuestro enfoque de Marketing Ético para la transformación que desarrollamos en el último capítulo de este libro.

A mis Cliente$, colaboradores y proveedores que han participado en los proyectos que tuvimos oportunidad de liderar en Argentina y América Latina. Todos han sido una fuente interminable de aprendizaje. Un reconocimiento especial a Nora Mosso, por la confianza y el apoyo de siempre, sobre todo en nuestra etapa fundacional. Y a Cecilia Loeschbor, directora de proyectos de GDA que nos acompaña desde hace 15 años coordinando cada uno de los desafíos que encaramos.

Y al gran Mario Ascher, coautor de este libro, que tuvo la grandeza de invitarme a darle forma a su nueva obra. Socio Fundador de la Asociación Argentina de Marketing y un referente histórico de nuestra disciplina.

También a Alejandra Fehrmann, destacada colega como coautora plena, que contribuyó decisivamente con su expertise en Marketing y Digitalización

Y a Mariano Fernández Madero, director ejecutivo de la Asociación Argentina de Marketing y gran amigo. Muchas de nuestras (largas y apasionadas) charlas han sido fuente de inspiración, aprendizaje y crecimiento.

Alejandra Fehrmann

Conceptualizar un nuevo proyecto, en este caso un libro, siempre es dar primero un paso atrás para visualizar lo que queremos transmitir, cómo y qué herramientas queremos dejar en mano de nuestros potenciales lectores.

Ese privilegio lo tuve cuando Mario Ascher –quien no me conocía aún– me invitó a ser parte de Crecer con Clientes y embarcarnos en esta auténtica y desafiante tarea de navegar los conocimientos de cada uno, sumado a las potencialidades del otro coautor y experto en el tema, Gaspar Gracia Daponte. La generosidad de ambos produjo que sumáramos nuestros saberes para que hoy estén concentrados y disponibles en una edición conjunta.

Es a ellos a quienes reitero mi gratitud, el compañerismo, la colaboración y las horas destinadas para publicar este nuevo libro y, también, a quienes dediquen el tiempo -desde profesionales independientes hasta dueños o colaboradores de Pymes- a recorrer cada capítulo y concentrar sus energías en seguir abriendo los caminos para conseguir, motivar y fidelizar Clientes desde la mirada holística del Negocio, junto a las nuevas plataformas de Marketing y de Digital.

Sin duda, tuve en mi camino la enorme oportunidad de tener grandes mentores que me enseñaron muchas de las cosas que hoy les transmito en estas líneas.

Deseo que ustedes en el camino de sus propios descubrimientos también encuentren esos pilares para que los ayuden a fortalecer cada una de las estrategias que se planteen. Las puertas están abiertas, sólo queda elegir por cuál senda tomar.

Mario Ascher

Mi reconocimiento y agradecimiento en primer lugar a los Lectores que se han propuesto Conseguir, Retener y Crecer en Cliente\$ en sus emprendimientos propios o para los que trabajan, también para comprender mejor que son LOS Cliente\$, la fuente de Ingresos para operar exitosamente cualquier tipo de Negocio.

A mis maestros Académicos pero sobre todo a los Empleadores, Cliente\$ y Colegas que me han permitido ajustar y poner en práctica los Procedimientos que aquí exponemos y desarrollamos.

Especial agradecimiento a Gaspar Gracia Daponte y Alejandra Fehrmann como coautores plenos, jóvenes que con su generosidad, profesionalismo y entusiasmo desbordante y toda su sapiencia en Marketing y en Digitalización, han contribuido a hacer este libro "modelo 2020" totalmente contemporáneo.

Y naturalmente a mi familia, Mary, Mario Roberto y María Eugenia, tan pacientes y fuente inspiradora en todo lo que he podido hacer en la vida.

Y gracias a Dios y a mis padres Bob y Mimi, grandes impulsores de mi desarrollo humano y profesional.

Introducción

*Crecer en Cliente$* es un nuevo libro, de la Nueva Era Post Coronavirus, dedicado a un desafío que existió siempre: Conseguir (más y mejores) Cliente$, tanto para empresarios, como para profesionales de todas las disciplinas, para políticos, empresas industriales o comerciantes En síntesis para todo aquél que ha decidido ocuparse de satisfacer necesidades reales o latentes de gente, consumidores, pacientes, entre otros.

La digitalización ha provocado un cambio exponencial.

Todo ahora es más fácil y de menor costo.

A fines del año 2020 esto se ha tornado cada vez más imperioso y difícil. La Argentina y el mundo de habla hispana, en particular, se encuentran en medio de recesiones que en nuestro caso es aún más aguda, e insostenible. Y difícil por la multiplicidad de herramientas a nuestra disposición, amplitud de canales comerciales y medios de comunicación virtuales y reales... Todo agravado y complicado por los efectos de la pandemia del Coronavirus.

Gurúes como el futurista Daniel Burrus, Jay Baer y otros, nos alertan: "nada va a ser igual" y entonces el imperativo es "desaprender"..., reinventarse.

¿Desaprender todo? o ¿adecuar las probadas estrategias y tácticas del pasado a las nuevas circunstancias? En un mundo lleno de incertidumbre estamos entrando a una Etapa de Transición, donde el énfasis pasa a ser la Sustentabilidad, y con el foco puesto en Ayudar más que Vender.

El mandato es la Transformación que ya había comenzado y ahora se acelera notablemente, y es sustancialmente distinta al simple Cambio.

El imperativo es desarrollar Empresas con Propósito.

El parámetro del Éxito de la Empresa tenía que ver con el bienestar individual de sus accionistas; ahora se requiere que tengan Significado para la Sociedad y sus Cliente$. Cuanto más hagan por los demás, redundará finalmente en beneficios para ellas mismas.

Se debe ayudar a los Cliente$ a reducir la incertidumbre, tener mucha resiliencia y volver a desarrollar su confianza perdida durante la pandemia.

Por eso mismo, el desafío es imperioso y actual.

Hemos decidido acompañar a cada uno de nuestros lectores en su camino, guiándolo con conceptos y ejemplos, pero fundamentalmente con un sentido práctico de búsqueda de acciones de ejecución rápida y de bajo costos

Vamos a desarrollar el Conseguir Cliente$, Fidelizar Cliente$ y Venderles Más; y Lograr que SUS Cliente$ satisfechos lo recomienden espontáneamente.

Los ítems que profundizaremos son:

Ilustración de
Alejandra Lunik

- **Crecimiento.** No hay emprendimiento al que no le sea requerido sobrevivir y crecer.
- **Digitalización.** Facilita enormemente la construcción y actualización de Bases de Datos que relacionan cada interacción y compra con cada Cliente individualmente permitiendo ofrecimientos personalizados y adecuados a cada preferencia.
- Más que productos y servicios el requerimiento de los mercados es por **Experiencias** únicas, extraordinarias y ajustadas a los requerimientos de cada persona en particular.

- **Recomendaciones** espontáneas de los Cliente$ satisfechos, es lo más creíble y convincente ¡y se pueden sistematizar!

No en vano estos tres primeros elementos son los que han dado origen a la polémica en que algunos tratan de reemplazar al CMO *Chief Marketing Officer* con el CGO *Chief Growth Officer,* tema que también abordaremos.

Por último, postulamos y desarrollaremos

- La motivación de los colaboradores
- El valor de la experiencia de los Cliente$
- La confidencialidad del manejo de los datos de los Cliente$
- La posición proactiva en la lucha contra la Pobreza y Desigualdad

El formato de este libro es de tipo enciclopédico, recopilando antecedentes y propuestas teóricas clásicas con énfasis en los más recientes, e indicaciones de lo que usted, estimado lector podrá poner en funcionamiento en su Empresa o en el Desarrollo de su Profesión en forma Independiente.

Interactúe con otros lectores con inquietudes parecidas a las suyas y también con nosotros, en la plataforma www.crecerenclientes.com.ar para ampliar y seguir actualizando estos contenidos e ir consolidando las Mejores Prácticas para **Crecer en Cliente$**. ¡Bienvenido!

Gaspar Gracia Daponte
Alejandra Fehrmann
Mario Ascher

CAPÍTULO 1

CONSEGUIR
CLIENTE$

1.1. El desafío de la relevancia en un entorno VICA

En marzo de este año Camilo, mi primer hijo, cumplió 8 años. Nuestras charlas son cada vez más ricas y desafiantes. En una de las últimas, me dijo: "cuando sea grande voy a ser jugador de fútbol y voy a hacer marketing como vos" (sic). Quienes son padres se imaginarán la emoción que genera una declaración de ese calibre. Acto seguido tuvo que preguntar: ¿Qué haces vos papi con el marketing? Comprendí entonces que su vocación aún estaba más del lado del deporte.

En ese momento pude explicarle que las empresas (como la PlayStation que usa a diario), las instituciones (como su colegio o el club del barrio), los profesionales independientes (como su odontóloga Lucy o Germán, el veterinario de la familia que atiende su perro Chocolate), necesitan para cumplir sus objetivos diseñar e implementar una estrategia de marketing que les permita conseguir y fidelizar cliente$, alumnos, pacientes o socios.

Creo que logré transmitir la idea central, pero entonces retrucó: ¿Y por qué tienen que hacer "eso" para tener Cliente$? Para dar por terminada esta parte de la conversación le puse un ejemplo final: "¿Viste que muchas veces cuando entrás a NETFLIX o a YOUTUBE" (sus dos pantallas principales) "te cuesta mucho elegir qué vas a ver finalmente? Eso es porque los Cliente$ como vos, cada vez tienen más opciones para elegir. Y los productos necesitan diferenciarse del resto y volverse atractivos para que los elijan". Asintió con la cabeza y me quedé satisfecho con este primer intercambio.

Este es uno de los desafíos centrales que enfrentamos los profesionales de marketing: **cómo construir propuestas de valor que sean RELEVANTES para los Cliente$ en un entorno cada vez más complejo**, con sobre abundancia de mensajes y estímulos publicitarios y una multiplicación exponencial de alternativas.

Sobre los cambios y la velocidad del cambio

En los mercados los cambios son cada vez más profundos, pero sobre todo son **RÁPIDOS**. La velocidad del cambio es quizás el cambio más relevante de las últimas décadas.

Veamos un ejemplo para tomar conciencia de este fenómeno: para que una tecnología sea "disruptiva", es decir, que tenga la capacidad de modificar los vínculos y las relaciones entre la oferta y la demanda, digamos que debería tener la capacidad de generar **50 millones de usuarios a nivel global** (sobre los 7500 millones de habitantes que tiene el planeta tierra).

El avión tardó casi 70 años en alcanzar esa masa crítica de usuarios en todo el mundo. En el otro extremo de nuestra línea de tiempo, **POKEMON GO tardó solo 19 días**.

Fuente: Statista

Entre los 13 ejemplos que están analizados en el cuadro citado por STATISTA, hay sin duda un punto de quiebre que está vinculado con **la tecnología como factor de aceleración**: desde el nacimiento de la informática y su masificación, los tiempos se hicieron cada vez más cortos: los 14 años que requirieron las computadoras personales para conseguir sus 50 millones de usuarios se redujeron a la mitad para Internet, que **lo logró en solo 7.**

Cada innovación, por supuesto, **se apoya sobre la base establecida por la ola anterior**: de esta forma, Internet se apoyó sobre la informática y las telecomunicaciones, mientras que las redes sociales y las aplicaciones se apoyaron sobre la masa crítica de usuarios conectados a Internet.

La era de la "irrelevancia"

Siguiendo la charla con Camilo, resulta claro que las marcas tienen el desafío de ser **RELEVANTES** para sus cliente$ actuales y potenciales. Aquí tenemos una mala noticia (o una buena dependiendo de lo que esté dispuesto a hacer en los próximos meses): casi <u>**7 de cada 10 marcas no lo están logrando**</u>.

A los consumidores de América Latina **no les importaría que casi el 80% de las marcas desapareciera**, de acuerdo a los datos que se desprenden del informe "Meaningful Brands 2019 Argentina" que elabora Havas Group. Anualmente, esta encuesta analiza cómo las marcas mejoran la calidad de vida de las personas y el rol que cumplen en las comunidades en las que operan.

El estudio mide la fortaleza de cada entidad, así como sus conexiones con el bienestar humano y la calidad de los beneficios que aportan a la vida de la gente y al retorno en el negocio.

En la Argentina participaron en la investigación más de 7.350 Cliente$ y opinaron sobre 65 firmas de 13 industrias distintas. Entre las marcas **MÁS SIGNIFICATIVAS** para el consumidor hoy están las digitales: Google ocupa la primera posición con 79,6 puntos. Le siguen WhatsApp y Mercado Libre con 76,9 y 74,2 respectivamente.

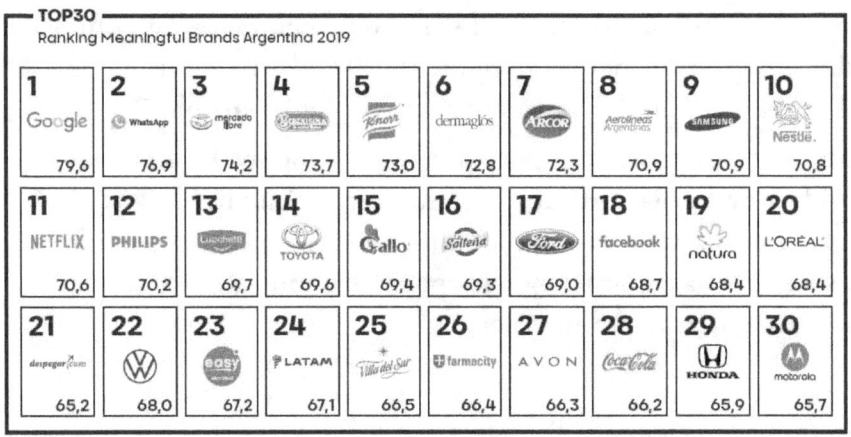

Pagar para no ver
Cuando la publicidad "invade" a los Cliente$

Imagine este escenario: usted produce algo. Un producto. Un servicio. Y el mercado que está del otro lado está dispuesto a pagar, pero para <u>no comprarlo</u>. Este es el desafío que enfrenta hoy la industria publicitaria.

El consumidor, sobre saturado de estímulos, cansado de recibir propuestas que no le interesan, que no se adaptan a su perfil o que simplemente no llegan en el momento indicado, está dispuesto a **PAGAR PARA NO VER**.

En la nueva economía digital, el crecimiento de los modelos por suscripción en la industria del entretenimiento es un buen ejemplo: plataformas como NETFLIX o SPOTIFY ofrecen como parte de su propuesta de valor el acceso a sus contenidos LIBRE DE PUBLICIDAD (modelo Premium).

El crecimiento de los Ad Blockers, una función que permite liberarse de los anuncios mientras navegamos por Internet, también ha sido importante. De acuerdo a los datos publicados por

HootSuite para enero de 2019 en promedio **el 47% de los usuarios de Internet a nivel mundial utilizan una herramienta** de este tipo para bloquear los anuncios. Argentina está dentro del Top 15 en este ranking, con una penetración del 46%.

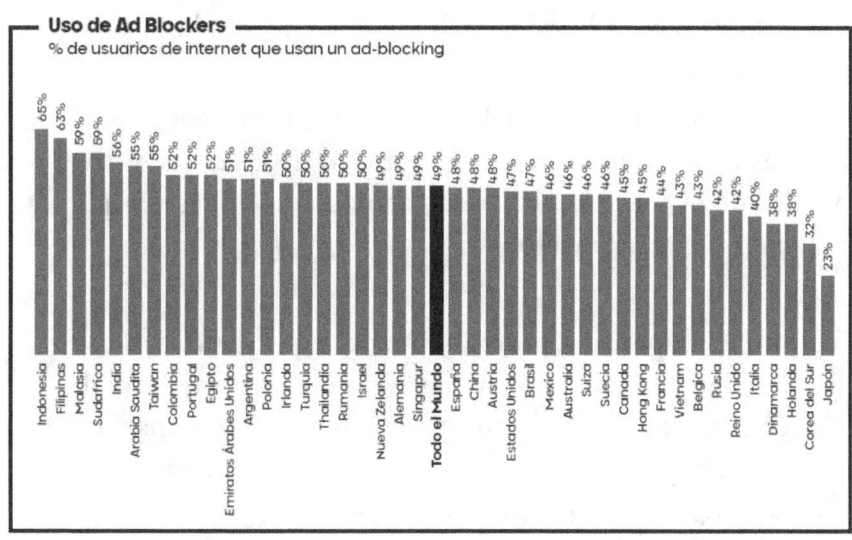

Uso de Ad Blockers
% de usuarios de internet que usan un ad-blocking

Fuente: HootSuite. Enero 2020

El entorno VICA

Estamos entonces en un entorno COMPLEJO: cambios cada vez más profundos, velocidad del cambio con la tecnología como factor de aceleración, sobre saturación de mensajes y marcas "irrelevantes": **un entorno VICA**.

VICA es un acrónimo utilizado para describir volatilidad, incertidumbre, complejidad y ambigüedad en las condiciones del entorno. El término tiene su origen en el modelo VUCA, creado por el U. S. Army War College para describir la volatilidad, incertidumbre, complejidad y ambigüedad del mundo surgido tras el fin de la Guerra Fría.

Con este antecedente, fue el sociólogo Zigmunt Bauman quien acuñó el concepto en base a sus postulados de lo que llamó modernidad líquida, sociedad líquida o amor líquido: "**estamos en un entorno VICA** en el que se han desvanecido historias sólidas, como aquellos principios que signaban los matrimonios para siempre, el trabajo para toda la vida, hacer carrera en un solo lugar o ahorrar para tener algo".

Estamos inmersos en un mundo más veloz, ansioso por las novedades, más precario respecto a la estabilidad de las cosas, vertiginoso en cambios y transformación y agotador por el estrés que significa adaptarse diariamente.

- **Volátil: es la pérdida permanente del equilibrio.** Las cosas cambian todo el tiempo y cada vez con mayor velocidad. Los entornos son turbulentos y hay nuevos paradigmas. Es el final de las "creencias globales" en todas las dimensiones.
- **Incierto.** No hay **nada completamente seguro.** Estamos en un escenario permanente de incertidumbre. Hay más preguntas que respuestas y las variables se han multiplicado como nunca.
- **Complejo:** esta palabra refiere a un conjunto que totaliza o abarca una serie de partes individuales, **complicado, de difícil entendimiento** y resolución.
- **Ambiguo:** son fenómenos o situaciones que pueden entenderse o interpretarse de diversas maneras. Las cosas han adquirido múltiples significados.

1.2. PLANETA DIGITAL
LO REVOLUCIÓN QUE CAMBIÓ TODO

El crecimiento de la digitalización en los últimos años **ha sido abrumador**: el 55% de los 7,75 mil millones de habitantes del mundo está conectado a Internet. Unos 3500 millones son usuarios activos en redes sociales conformando este nuevo "planeta digital".

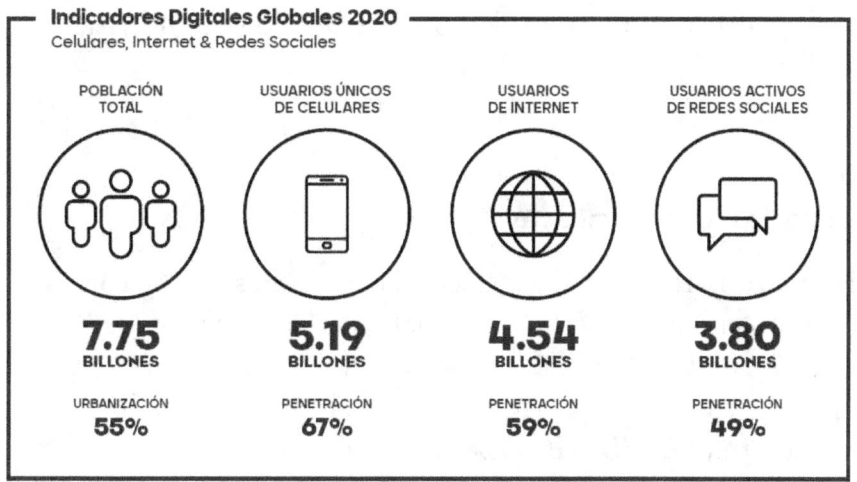

Fuente: HootSuite. Enero 2020

Desde el año 2014 hasta el año 2017 el crecimiento ha sido de un **52%,** es decir un crecimiento exponencial en menos de 4 años. La llegada del COVID-19, que ha impactado en todo el mundo, ha consolidado esta evolución produciend**o una aceleración digital a un ritmo que nadie hubiera pronosticado** a inicios de este año:

- El **e-commerce crece a un ritmo impensado antes**: entre el 50% y el 90% a nivel interanual dependiendo el mercado que analicemos. Pero frente al aislamiento, las ventas aumentaron un 84% según la CACE (Cámara Argentina de Comercio Electrónico).

- El **proceso educativo se digitalizó en 72 horas.** Lo que imaginábamos que podría suceder en 5 años ocurrió en menos de 3 días. En Argentina tuvimos una migración total al aula digital en menos de una semana.

- La **telemedicina se consolidó y creció** en todos los mercados.
- **Los medios de pago digitales crecieron exponencialmente**. Incorporaron nuevos usuarios y lograron variaciones interanuales que superaron el 300% (desde códigos QR hasta billeteras digitales).

El Juego
Poniendo "todo en circulación"

Alessandro Barico es italiano, Licenciado en Filosofía. Se convirtió en un fenómeno literario mundial con la publicación de la novela *Seda* en 1996, que fue traducida a diecisiete idiomas. En 2019 publicó su segundo ensayo dedicado al mundo digital que lleva como título: *EL JUEGO* (*The Game*, editorial Anagrama).

Tal como lo ha referido la última nota que le hicieron al autor en el diario *El País* de España, *The Game* es un vademécum con los conceptos fundamentales para intentar explicar los orígenes de la nueva "civilización digital". En su recorrido analiza el mundo de los ordenadores personales y los principales objetos tecnológicos que dominan en este nuevo planeta: desde los teléfonos inteligentes hasta las PlayStation. Herramientas y aplicaciones como Skype, Google, Amazon, WhatsApp, Twitter o Instagram, y también los modelos "per to per" más importantes como Airbnb o Uber.

El autor señala que esas nuevas herramientas **han cambiado nuestra relación con la realidad y nuestra propia concepción** de ella.

Al inicio de la obra y para obligarnos a poner en perspectiva temporal esta última revolución hace una lista de cosas que hace veinte años no existían y ahora sí. Entre ellas están:

- WIKIPEDIA
- FACEBOOK

- SKYPE
- YOUTUBE
- SPOTIFY
- NETFLIX
- TWITTER
- YOUPORN
- AIRBNB
- IPHONE
- INSTAGRAM
- UBER
- WHATSAPP
- TINDER
- TRIPADVISOR
- PINTEREST

El planteo de Barico en el *EL JUEGO* es muy profundo: el cambio de paradigma no es fruto de la revolución tecnológica, sino al revés. "La cuestión no es cómo estos dispositivos cambian mi cabeza, **sino en qué momento y por qué cambiamos nuestra manera de pensar y estar en el mundo**, que tuvimos que inventarnos nuevas herramientas. La revolución digital es la consecuencia de ese cambio mental".

El autor se plantea que elegimos escapar del desastre por la vía digital no solo porque era divertido, sino porque era **"ponerlo todo en circulación"**: noticias, recuerdos, ideas, personas, dinero. Era la mejor manera **de derribar las fronteras**.

Y desde un punto de vista sociológico, implica en sus palabras "destronar a las élites, a la casta de sacerdotes y expertos que nos habían conducido al desastre. Las noticias no cruzaban las fronteras. El siglo XX fue de las élites que decidían en pequeñas habitaciones el Holocausto o lanzar la bomba en Hiroshima. Hoy podríamos hacer de nuevo Auschwitz, pero sería imposible que la gente no lo supiera".

Los "nerds o freaks" que poblaron las universidades de EEUU, de India o Israel y que lideraron la revolución digital, se rebelaron contra sus padres y abuelos y, en definitiva, contra el horror del siglo XX: **"Fue el instinto de huir de un mundo basado en fronteras, muros y separaciones".**

1.3. El Impacto en los negocios
De la revolución de los malls al apocalipsis retail

La tercera temporada de la exitosa serie de NETFLIX "Stranger Things", transcurre en 1985 y los protagonistas, que vivían hasta la entrega anterior en un apacible y tranquilo pueblo de EEUU, se encuentran con la revolución del primer mall comercial.

Los comercios locales que estaban en el antiguo corredor del centro de la ciudad comienzan a debilitarse y el shopping se pone al tope de las preferencias para comprar productos y servicios y se convierte en el punto de encuentro de todos los habitantes.

Hoy, 35 años después, la historia es otra: aquella revolución impulsada por los shoppings center dio lugar a lo que hoy se conoce como "apocalipsis retail".

De acuerdo a los datos publicados por Business Insider: para el 2020 existen estimaciones que **podrían cerrarse hasta 12 mil tiendas solo en EEUU.** Esta cifra representa un crecimiento importante en relación a las 9300 registradas en 2019 y las 8000 del 2017.

En 2019, en un período de apenas 24 horas, Gap, J. C. Penney y Victoria's Secret anunciaron que cerrarían más de 300 tiendas juntas. El anuncio se produjo poco después de la bancarrota y cierre de tiendas de las zapaterías Payless ShoeSource y de las tiendas de moda infantil Gymboree en los Estados Unidos.

Por otro lado, un informe publicado por UBS, proyectaba antes de la pandemia que **75.000 tiendas más se verán obligadas a cerrar a través de Estados Unidos hasta 2026** debido al alza del comercio electrónico. La penetración del comercio electrónico alcanzará el 25% durante los próximos años forzando a los retailers a cerrar sus tiendas. El informe calcula que, por cada 100 puntos de crecimiento de la penetración del comercio electrónico, entre 8000 y 8500 establecimientos tendrán que cerrar para mantener un alza del 2% en las ventas de cada local. Solo en 2018, Amazon sumó 35.000 millones de ventas en el sector retail a través de Estados Unidos, lo que sería el equivalente a casi 7700 locales.

Los casos internacionales más resonantes
Pre Pandemia

- **FOREVER 21** es una de las cadenas de moda más importantes del mundo. Fundada en 1981, llegó a tener casi 900 locales con presencia en más de 50 países. La marca tuvo que declararse en bancarrota a finales de septiembre de 2019 y planear su salida de las distintas ubicaciones que mantenía en Asia y Europa. Logró conservar su marca gracias a esta declaración, por lo que a partir de ahora se deshará de las tiendas no rentables y logrará re-capitalizar su negocio. Para el 2020 la marca tuvo un nuevo plan en el que el e-commerce es clave. Según declaraciones del presidente de la compañía, ahora tendrán un enfoque renovado en el comercio electrónico desde el cual buscarán ofrecer personalización, soporte a diversas monedas y múltiples sistemas de pago, así como métodos de envío.

- **LEVI'S:** Por la caída de las ventas en los canales tradicionales, hoy la marca está enfocada en generar ventas desde tres canales clave: tiendas físicas, tiendas por departamentos o puntos de venta en otros espacios de retailers y el e-commerce.

  Sus ventas desde el e-commerce crecieron un 24% durante el primer trimestre fiscal del 2019. Además de contar con su propia tienda online, Levi's decidió abrir un espacio exclusivo para sus productos dentro del marketplace más grande de la actualidad: Amazon. Y a inicios del 2019 la firma tomó la iniciativa de ofrecer entregas de compras online en sus **3 mil tiendas**.

- **ADIDAS:** Según datos compartidos por Digital Commerce 360, la marca experimentó un incremento de ventas online durante el 2018 equivalente al 36%. Para este año la firma espera conseguir del e-commerce **4 mil millones de euros**, lo que representaría un 12% de sus ingresos totales. Y las proyecciones de la alta dirección indican que este canal termine representando **hasta el 25% de sus ingresos totales.**

- **SEARS:** Terminó 2018 declarándose en bancarrota y comenzó 2019 esquivando su desaparición total. Cerró inicialmente 140 tiendas Sears y Kmart (ambos minoristas de su propiedad) y posteriormente anunció el cierre de otros 80 establecimientos.

1.4. El panorama local

Argentina tiene una población cercana a los 45 millones de habitantes y de acuerdo a las estadísticas publicadas alcanzó en 2019 una penetración de usuarios de Internet del 93%. Con 1,3 celulares por habitantes y el 76% de los habitantes con alguna red social activa.

Fuente: HootSuite. 2019

De acuerdo al estudio realizado por Kantar y la Cámara Argentina de Comercio Electrónico (CACE), en el primer semestre del 2020, el e-commerce generó ventas por **$314.000 millones. Esto representó un CRECIMIENTO INTERANUAL del 104%.**

Más del 60% de ese volumen **se generó entre abril y junio, momento en el que el aislamiento social obligatorio fue más intenso.** Y un 36% de las órdenes de compra que se realizaron correspondieron a "nuevos clientes" que entraron al sistema. En esos primeros 6 meses del año se vendieron 92 millones de unidades y se generaron 54 millones de órdenes de compra. Esto permite pronosticar un crecimiento exponencial respecto al 2019 teniendo en cuenta que ese año pasado se realizaron 80 millones de órdenes de compra.

El estudio indica que no solo crecieron los marketplaces, sino también las ventas a través de las páginas web de las marcas. Alimentos y bebidas fue la categoría con mayor crecimiento. Lideró el ranking para el semestre. Otras categorías estrellas que crecieron por encima del promedio fueron: hogar, jardín, muebles y construcción, teniendo en cuenta la revalorización que hizo el consumidor de su hogar durante la cuarentena.

1.5. COVID-19: El Cisne Negro

La teoría del cisne negro o sucesos inesperados fue enunciada en 2007 por Nassim Nicholas Taleb, investigador y ensayista libanés. Un evento "cisne negro" encierra una carga de sorpresa que multiplica su impacto. Es algo que NADIE ESPERABA.

La metáfora está vinculada con lo sucedido en el siglo XVII: todos los cisnes eran blancos, hasta que de pronto hubo una mutación genética y aparecieron los cisnes negros, que produjeron sorpresa generalizada.

¿Qué características tiene un evento CISNE NEGRO?

1. Son **inesperados**.
2. Tienen un **gran impacto**.
3. Tienen **predictibilidad retrospectiva**: es decir, una vez que han ocurrido se identifican evidencias de que el evento podría haberse evitado.

La pandemia que paró el mundo

A fines de diciembre de 2019 comenzó el brote de la enfermedad, como casos de neumonía. El 1º de enero de 2020 se produjo el cierre del mercado en la ciudad de Wuhan, epicentro del brote, y el 9 del mismo mes la Organización Mundial de la Salud (OMS) identificó el virus.

La evolución exponencial de la enfermedad terminó con la declaración de Pandemia que emitió el organismo encargado de la salud en el planeta el día 11 de marzo. Nueve días después Argentina entraría en cuarentena, sumándose a un verdadero "apagón mundial".

A fines de agosto, mientras revisábamos los últimos contenidos para entregar el original de este libro a la editorial, el dahsboard de la Universidad de Johns Hopkins –que actualiza los indicadores de la enfermedad en todo el mundo– marcaban más de 25 millones de contagios, 848 mil fallecimientos con EEUU, Brasil, India, México y España ocupando el top 5 del ranking y concentrando el 55% de las muertes totales.

Un impacto difícil de pronosticar

En los inicios de la pandemia, la Organización Mundial del Comercio había pronosticado dos escenarios posibles: en la estimación optimista preveía una caída del comercio mundial del -13%, mientras que la mirada pesimista marcaba una retracción del -30%. En los últimos informes, se estimaba un escenario intermedio que estará más cerca del 15% a nivel global con una recuperación en L. Es decir que no se prevé un rebote (en V) y la reactivación demorará algún tiempo hasta volver a los valores previos al COVID-19.

El COVID-19 en Argentina

Entre abril y mayo de 2020, nuestro equipo de investigación realizó un estudio nacional que incluyó a consumidores y empresas, con el objetivo de analizar el impacto de la pandemia.

En todos los segmentos que analizamos prevalecen altos niveles de preocupación con el presente y con el futuro producto de la pandemia. Disminuye un poco en el de 70 años.

Por otro lado, la experiencia de cuarentena no es PARA TODOS. Cuatro de cada 10 consumidores reconocían la complejidad de administrar esta situación. Mayor valoración negativa en las generaciones jóvenes (Y/Z) y en las grandes ciudades como Capital Federal, Córdoba y Rosario.

La Huella

Más allá de los niveles de preocupación, la valoración del contexto de aislamiento o el impacto económico percibido, todos los segmentos coinciden en que las cosas no volverán a ser como antes: 74% de los encuestados apuestan a una "nueva normalidad":

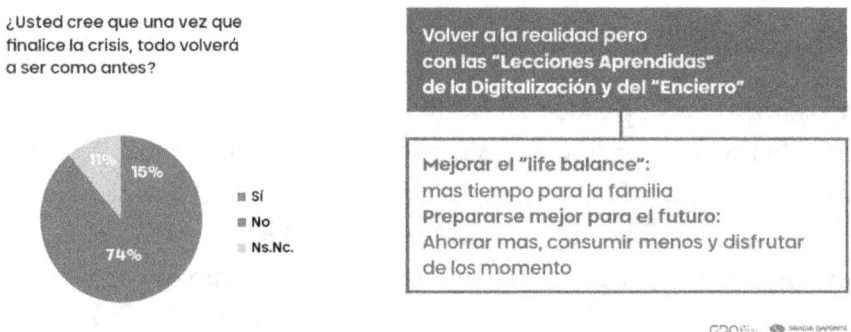

Fuente: Reporte GDA Covid19

1.6. EL PUNTO DE PARTIDA
¿QUÉ NECESIDADES VOY A SATISFACER?

Nos ha dado muy buenos resultados comenzar con una precisa definición de qué necesidades se quieren satisfacer, como primer paso en la búsqueda de Cliente$.

Definimos como Cliente$ genéricamente a aquellos a quienes destinamos nuestros productos y servicios, presumiblemente para ganar dinero. Son tan importantes para usted que la palabra cliente$ la escribimos con una C en mayúscula y con el signo $/pesos reemplazando la "s" final (C para Customer$ y $/dólares si nos expresamos en inglés, para otros mercados).

Esto es válido para emprendedores industriales, comerciales y también para profesionales independientes de prácticamente todos los rubros y tamaños.

La miopía del marketing

En la edición julio-agosto de 1960 (leyó bien... hace 60 años) el profesor Theodore Levitt publicó un artículo esencial que se convertiría en uno de los pilares fundamentales sobre los cuales se edificó nuestra disciplina: Marketing Miopía. El tema central allí giraba sobre la necesidad de que las empresas tuvieran "orientación a las necesidades del cliente" y quitaran su foco de la dimensión producto.

El clásico ejemplo citado de los Ferrocarriles en los EEUU a fines del siglo XVIII es muy aleccionador: pensaban de sí mismos que estaban en el Negocio del Ferrocarril, cuando en realidad SU MISIÓN era satisfacer **las necesidades del transporte de personas y mercaderías.** En esos tiempos por ferrocarril y también por barcos. Pero una definición acotada al producto tiene el riesgo de convertir en obsoleta la propuesta de valor.

Entonces, tratamos de sensibilizarlo para que analice su negocio actual o futuro en estos términos: **Necesidades que va a satisfacer.**

Desde el punto de vista académico hablamos de necesidades actuales o latentes. No creemos que se deban/puedan crear nuevas necesidades, ni que se pueda fomentar intencionalmente el endeudamiento de los consumidores, como sostienen los Consumistas.

Cuando el Grupo Exxel toma control de Musimundo y luego quiebra, Yenny/El Ateneo analiza el vacío en el mercado, muy afín al de la venta de libros que satisface básicamente una necesidad de entretenimiento y determinan que la música es otra forma de entretenimiento que pueden cubrir con su estructura existente y con (relativamente) pocos cambios y adaptaciones, por lo que deciden ingresar en el negocio.

#GoodbyeNetflix
La miopía de BLOCKBUSTER

A principios de la década del 2000 NETFLIX estaba tratando de lograr un modelo de negocios sustentable. Invirtió más de 50 millones de dólares entre el 2000 y el 2001 pero no lograba llegar a los 300.000 suscriptores. Además, tuvo que replantear su estrategia de ingresar a la bolsa en el momento en el que estalló la burbuja de las puntocom. En ese contexto, pensaron que la alianza natural para fortalecer su propuesta tenía que ser con el líder del formato tradicional: Blockbuster (BB).

Ofrecían, por ese entonces, la posibilidad de ceder el 49% de las acciones de la start-up para potenciar su plan de crecimiento. La respuesta de Blockbuster fue tajante: "¿Por qué haríamos eso? Sabemos más sobre el negocio que ustedes. Si es un buen negocio, lo haremos nosotros mismos'". Así lo recuerda el co-fundador de Netflix Mitch Lowe.

11 años después de ese episodio, Blockbuster posteaba un tweet que quedaría para la historia: con el #GoodbyeNetflix instaba a sus seguidores a contar las razones por las que estaban dejando el servicio de su competidor prometiendo a los tres ganadores una suscripción anual sin cargo en sus tiendas.

Blockbuster ✓
@blockbuster

Tweet why you're leaving Netflix. The top three most creative tweets using #GoodbyeNetflix will win a 1-year subscription to Blockbuster!

3:55 PM · Sep 21, 2011 · Twitter Web Client

28.8K Retweets **31.4K** Likes

Hoy, NETFLIX es una de las marcas más VALIOSAS y RELEVANTES del mundo y los casi 9000 puntos de venta que logró tener BB en el mundo desaparecieron. Un gran ejemplo de miopía que puso el foco en el PRODUCTO (VHS y DVD) y no en la NECESIDAD (el entretenimiento en el hogar).

¿Y usted en qué actividad está, qué necesidades trata de satisfacer?

Para el desarrollo de las actividades profesionales por cuenta propia o para la empresa de su eventual empleador, esto también es válido, aunque quizás no nos hayan aleccionado acabadamente de las necesidades que podemos satisfacer desempeñándonos como arquitectos, psicólogos, abogados, carpinteros, educadores o jardineros, etc.

Cada caso es absolutamente individual y encarar su desarrollo inicial o mejorar lo que se viene haciendo será consecuentemente único, y a su cargo.

Este libro pretende ayudarlo en este desafío

En los próximos capítulos vamos a recorrer los conceptos esenciales para la definición de su Plan de Marketing y las estrategias adecuadas para captar y fidelizar más y mejores Cliente$

CAPÍTULO 2

EL PLAN DE MARKETING
PARA CONSEGUIR Y FIDELIZAR
CLIENTE$

2.1. ¿Plan Estratégico o Plan de Marketing?

Muchas veces estos conceptos se confunden. Sobre todo en el universo de los micro empresarios, los profesionales independientes y las PyMES. ¿El diseño del plan de marketing implica la definición estratégica general de la empresa?

Técnicamente son niveles diferentes. Independientemente del tamaño de su proyecto, la estrategia reconoce tres niveles centrales:

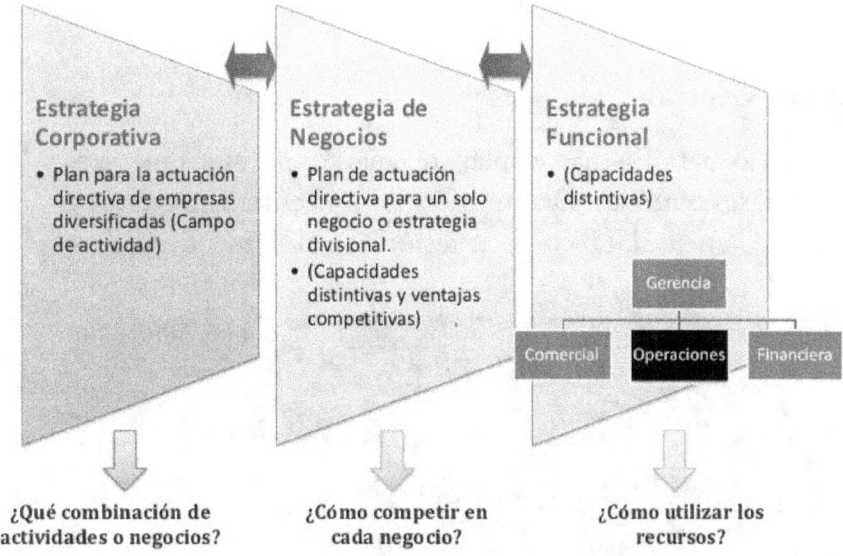

En este modelo, la estrategia de marketing estaría entonces en el nivel de las estrategias FUNCIONALES y debe estar alineada con la estrategia de negocios y por supuesto dentro de la matriz estratégica corporativa.

De todas maneras, adherimos al planteo de los consultores americanos Kevin Clancy y Peter Krieg que proponen en su libro "Marketing Contra Intuitivo" el alcance estratégico de las definiciones de marketing. Su consultora, COPERNICUS, tiene un enfoque marketing centralista: es decir, piensan a la disciplina como el centro del negocio. Desde esta óptica, el PLAN DE MARKETING puede (y debe) ser el motor del «CAMBIO ESTRATÉGICO» DENTRO DE LA EMPRESA.

Nuestra experiencia nos ha permitido confirmar esto en el campo. En más del 80% de las intervenciones que hemos realizado sobre PyMES de diferentes sectores económicos, a la largo del país y en mercados complementarios como Paraguay, Uruguay y Brasil, el desafío de formular el plan de marketing nos obligó a definir aspectos centrales de la estrategia de negocios general.

El Modelo General

El proceso para diseñar el plan de marketing está organizado en tres fases centrales: Diagnóstico, Arquitectura Estratégica y Operación Comercial, tal como se resume en el siguiente cuadro:

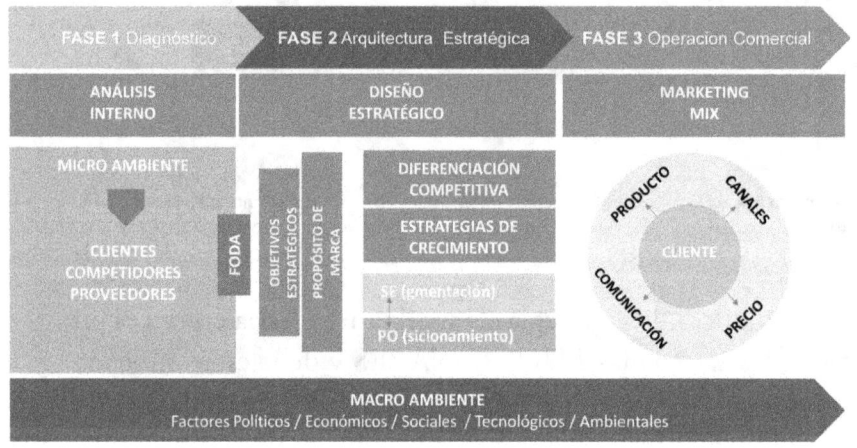

Fuente: Gaspar Gracia Daponte en base a McCarthy, Perrault Jr y Kotler

Marketing Estratégico y Operativo

La principal función del nivel estratégico es la de fijar los objetivos a largo plazo a través del diagnóstico de posición competitiva, estableciendo fundamentalmente cuál será la estrategia de diferenciación, el propósito de la marca y el Binomio SePO adecuado.

Mientras que el marketing operativo se basa en acciones concretas que serán implementadas en el corto plazo, vinculadas con las variables del marketing mix, para alcanzar los objetivos que hemos trazado en el nivel estratégico.

En tiempos de "métodos ágiles, rápidos e inmediatos" es importante reivindicar que el diseño del plan de marketing es un proceso que lleva su tiempo. Que necesita recursos y procesos analíticos profundos para resolver desafíos complejos. Y el punto de partida es un buen diagnóstico.

2.2. EL DIAGNÓSTICO ESTRATÉGICO
¿DÓNDE ESTOY PARADO?

Cualquier plan que uno quiera trazar, debe partir de un diagnóstico inicial preciso. Si usted quiere mejorar su salud, seguramente el médico de cabecera que lo atiende le prescribirá una batería de estudios que le permitan reconocer cuál es el punto de partida: ¿Qué indicadores dan bien y cuáles necesitan corregirse?

El desafío de diseñar una estrategia de marketing que nos permita conseguir y fidelizar Cliente$ reconoce su punto de partida en el Diagnóstico Estratégico: 3 niveles de análisis que inician en la lectura del macro entorno y el micro entorno para identificar amenazas y oportunidades y finalizan puertas adentro con el análisis interno, fuente de fortalezas y debilidades.

Resumen Gráfico
Los tres niveles del diagnóstico:

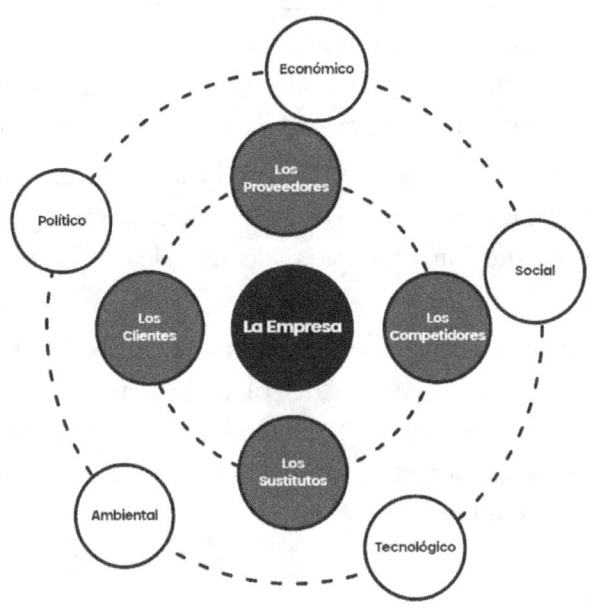

El nivel 1 está vinculado con el MACROENTORNO: se refiere a variables que operan en diferentes dimensiones: políticas, económicas, sociales, tecnológicas o ambientales. No controlables, pero que deben ser tenidas en cuenta al momento de diagnosticar y planificar la estrategia.

En el segundo nivel está el MICROENTORNO: aún seguimos mirando puertas afuera de nuestra organización, pero más cerca de la dinámica competitiva: ¿Quiénes son nuestros competidores directos e indirectos? ¿Cuáles son los proveedores clave? ¿Qué perfil tienen los mercados de demanda? ¿Cuáles son los productos o servicios que pueden sustituir nuestra propuesta? ¿Qué poder negociador tiene cada uno de estos grupos?

El tercer anillo está relacionado con LA EMPRESA: es la dimensión del diagnóstico que mira hacia adentro y nos obliga a reconocer cuáles son los puntos fuertes y débiles que tenemos como capital para diseñar e implementar nuestro plan de marketing.

2.2.1 Mirando el Macroentorno: ¿Qué pasa en el contexto? El PEST Análisis

El modelo PEST es una herramienta tradicional que se utiliza para analizar el nivel marco en el proceso de diagnóstico estratégico. Sus siglas representan los 4 factores principales que contiene: Político, Económico, Social y Tecnológico.

Con el tiempo, la herramienta fue evolucionando e incorporando algunas dimensiones complementarias. De esta manera, el PESTLE suma a lo anterior las dimensiones ambientales y legales.

2.2.2 El Microentorno
Estructura y grado de atractivo del sector

En el segundo nivel del diagnóstico nos planteamos el desafío de comprender la estructura y la dinámica del sector en el que vamos a competir con nuestra propuesta para satisfacer necesidades de los Cliente$.

Un modelo clásico para determinar el atractivo del sector y el funcionamiento de las "fuerzas" que lo componen fue propuesto por el profesor Michael Porter en la década del 80 en su obra Estrategia Competitiva: las 5 fuerzas de Porter.

Hoy, 40 años después, es un modelo que **tiene vigencia y que ofrece un marco adecuado** para analizar las principales variables contempladas en el micro entorno de los negocios.

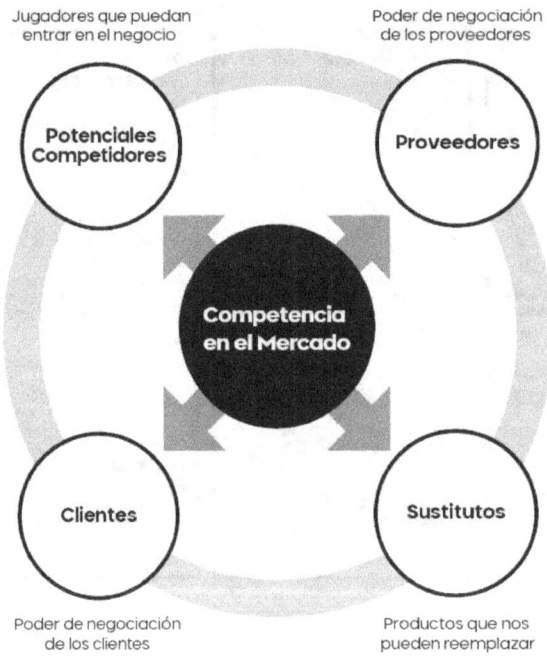

¿QUIÉNES SON MIS COMPETIDORES?

El análisis de la competencia es el proceso que pone en práctica una empresa para conocer el mapa de oferta en su mercado. Es decir, con qué competidores discutirá la porción de mercado que le interesa.

Es una herramienta muy importante porque permite validar el nivel de diferenciación de las propuestas que están disponibles en el mercado, los niveles de concentración o fragmentación de la oferta y el perfil estratégico de cada uno de los referentes.

Este análisis debe incluir tres ejes centrales:

El primer paso supone el "dimensionamiento" del mapa de oferta. Es decir, determinar cuántas empresas compiten en el sector y qué peso relativo tiene cada uno de los referentes identificados.

Caracterización de los competidores

1. **Competidores Directos:** todas las empresas que ofrecen un producto similar al nuestro se dirigen al mismo segmento de mercado o utilizan una estrategia parecida a la nuestra. Es decir, están "dentro del sector" y forman parte del grupo estratégico en donde competimos.

2. **Competidores indirectos:** todos los competidores que ofrecen un producto o servicio para cubrir una MISMA NECESIDAD. Están "fuera del sector" pero dentro del mercado y posiblemente no formen parte del grupo estratégico principal.

3. **Competidores Potenciales:** empresas que aún no están presentes en el mercado y que podrían (dentro o fuera del sector) ofrecer una solución de valor que compita o sustituya nuestra propuesta.

Respecto a su propuesta de valor, el foco debe ponerse en las 4 dimensiones del marketing plan:

1. Explorar si cuentan con un **PROPÓSITO DE MARCA** declarado/visible.

2. Analizar cuál es o cuáles son los **FACTORES DE DIFERENCIACIÓN** que proponen.

3. Identificar su **BINOMIO SePO:** a qué segmentos dirige su propuesta y cuál es su estrategia de posicionamiento.

4. Describir su **MIX DE MARKETING:** línea de productos y servicios, política de precios, canales de distribución que utiliza y estrategia de comunicación.

MAC: Matriz de análisis de Competencia

La MAC permite analizar de manera sintética el perfil estratégico y táctico de los competidores siguiendo los ejes y dimensiones que hemos planteado en el plan de marketing general: se organiza en dos ejes, estratégico y táctico, que contienen las dimensiones y variables para el perfilamiento general.

El modelo está ponderado para establecer la importancia relativa de cada bloque. Una vez que podamos calificar la performance de cada competidor en cada variable obtendremos un resultado general para cada competidor. Es posible también analizar el desempeño por eje, por dimensión y por variable.

MAC / MATRIZ DE ANÁLISIS DE COMPETENCIA									
		PERFILAMIENTO GENERAL			COMP 1		COMP 1		COMP 1
Eje	Dimensión	Variables	Ponderación		Performance	Puntaje	Performance	Puntaje	Performance	Puntaje
ESTRATÉGICO	BINOMIO Estratégico	Propósito de Marca	40%	60%	8	1,92	8	1,92	5	1,2
		Factores de Diferenciacion		40%	6	0.96	7	1,17	5	0,8
	BINOMIO SePo	Segmentación	30%	60%	8	1,44	7	1,26	3	0,54
		Posicionamiento		40%	4	0,48	6	0,72	3	0,36
TÁCTICO	PRODUCTO	Amplitud de linea		6,25%	7	0,13	9	0,17	8	0,15
		Profundidad de línea		6,25%	6	0,11	8	0,15	7	0,13
		Servicios Complementarios		6,25%	8	0,15	7	0,13	8	0,15
		Innovación		6,25%	9	0,17	7	0,13	8	0,15
	PRECIO	Política de precio		6,25%	9	0,17	7	0,13	8	0,15
		Acciones Promocionales		6,25%	9	0,17	7	0,13	8	0,15
		Beneficios Adicionales		6,25%	5	0,09	5	0,09	6	0,11
		Estrategias de financiación	30%	6,25%	4	0,08	5	0,09	6	0,11
	PLAZA	Venta Directa		6,25%	5	0,09	9	0,17	6	0,11
		Canales Indirectos		6,25%	2	0,04	7	0,13	6	0,11
		Canales Digitales		6,25%	6	0,11	4	0,08	6	0,11
		E-Commerce		6,25%	6	0,11	4	0,08	7	0,13
	PROMOCIÓN	Imagen de marca		6,25%	5	0,09	4	0,08	6	0,11
		Estrategia de Comunicación		6,25%	8	0,15	4	0,08	6	0,11
		Redes Sociales		6,25%	8	0,15	6	0,11	7	0,13
		Gestión de Prensa		6,25%	6	0,11	7	0,13	7	0,13
		TOTAL	100%		129	6,73	128	6,90	126	4,96

Fuente: Gaspar Gracia Daponte

¿QUIÉNES SON LOS CLIENTE$?
ESTRUCTURA DEL MERCADO DE DEMANDA

El "mercado" está conformado por todos los potenciales clientes que pueden acceder a comprar un producto o un servicio.

La primera división que debemos hacer es si nuestro mercado de demanda está conformado **por "individuos" o por "empresas"**. Esta primera pregunta determina si estamos en el mercado B2C (empresa a consumidor) o en el B2B (empresa a empresa).

Mercados B2C
El segmento de individuos en Argentina

Según el INDEC (Instituto Nacional de Estadísticas y Censos) Argentina tiene una población total estimada al 2020 de **45.367.763 habitantes**. Con una esperanza de vida de 75 años.

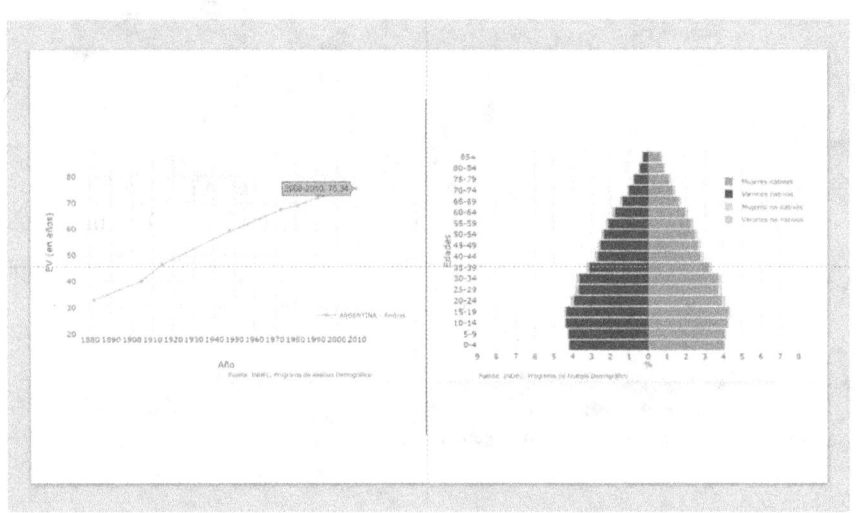

Distribución Geográfica
¿Dónde están los Cliente$?

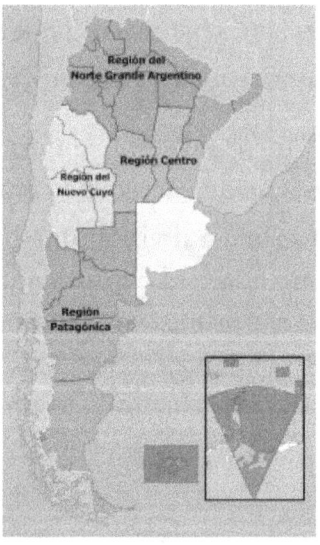

La distribución geográfica de la población está organizada en #4 REGIONES integradas formalmente constituidas por tratados interprovinciales de integración para diversos fines, definidas por poseer el tamaño y la escala adecuados para funcionar como unidad operativa en la economía internacional.

La provincia de Buenos Aires y la Ciudad Autónoma de Buenos Aires forma-

56

rían una quinta unidad económica, aunque esta aún no fue acordada formalmente **y concentran en conjunto el 46% de la población total de nuestro país.**

REGIONES INTEGRADAS				
Región/Zona	Poblción 2010		Sup. (km²)	Dens.Pob. (hab/km²)
AMBA	2.891.082	7%	232	12462
Buenos Aires	15.594.428	39%	307571	51
Norte Argentino	8.272.476	21%	759833	10,9
Centro	7.225.649	18%	377109	19,2
Cuyo	3.325.232	8%	404906	8,2
Patagonia	2.348.793	6%	930638	2,5
TOTAL	39.657.660	100%		

Un país de "clase media"

La definición de la estructura social y económica de los países es un tema ampliamente abordado por diferentes corrientes teóricas. Según resume Manuel Mora y Araujo en el documento titulado "La estructura social de la Argentina" publicado por CEPAL en su serie de políticas sociales: "la investigación contemporánea se ha concentrado en una visión unidimensional: la posición social, o nivel económico social".

El (INSE) **Índice de Nivel Socioeconómico es una herramienta para caracterizar el poder adquisitivo o los ingresos de los hogares** a partir de un paquete de preguntas indirectas, teniendo en cuenta la complejidad de medir o preguntar el ingreso de forma directa.

La Comisión de Enlace Institucional (CEI) conformada por la AAM (Asociación Argentina de Marketing), SAIMO (Sociedad Argentina de Investigadores de Marketing y Opinión) y CEIM (Cámara de Empresas de Investigación Social de Mercado y Opinión) presentó en 2015 una variante simplificada de su Nivel Socio Económico (NSE), elaborada en el Observatorio Social de SAIMO y consensuada por las tres instituciones.

La diferencia esencial entre ambas versiones de NSE, es que en la simplificada se ha limitado la cantidad de variables en juego, facilitando su aplicación y acortando el tiempo. El NSE en su versión simplificada tiene estas características:

1. Sigue basándose en variables de la Encuesta Permanente de Hogares (EPH) del INDEC. Por lo tanto, es posible hacer su seguimiento sobre los datos publicados periódicamente de estas estadísticas oficiales.
2. Las variables son las mismas que en la versión completa del NSE, solo se eliminan algunas para abreviar el procedimiento y simplificar su aplicación.
3. Se emplea un "algoritmo" de similares características al de la versión completa, y los valores que definen los senderos a seguir son los mismos.

En diciembre de 2018 la pirámide publicada por la consultora W de Guillermo Oliveto en base a datos de AAM, SAIMO e INDEC presentaba la siguiente distribución por estratos:

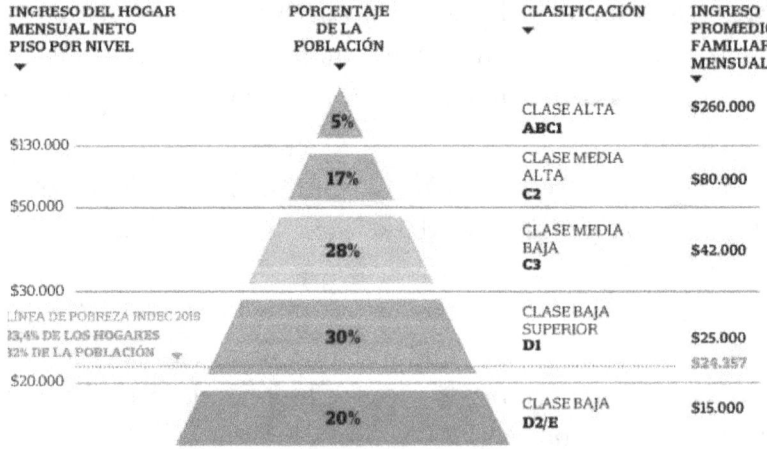

Fuente: Consultora W – análisis propio sobre la base de datos de NSE AAM/ Saimo/ CEIM/ EPH-Indec

Por supuesto, en nuestro contexto inflacionario y con el efecto de la pandemia que ha impactado directamente sobre los niveles medios y bajos de la pirámide económica, la participación relativa de cada estrato y los valores proyectados cambian.

Evolución Demográfica de los cliente$ en Argentina

La pirámide poblacional ha evolucionado significativamente en los últimos 150 años. Hemos pasado de una estructura claramente piramidal con una base ancha, a una estructura más verticalizada como puede verse en el siguiente gráfico:

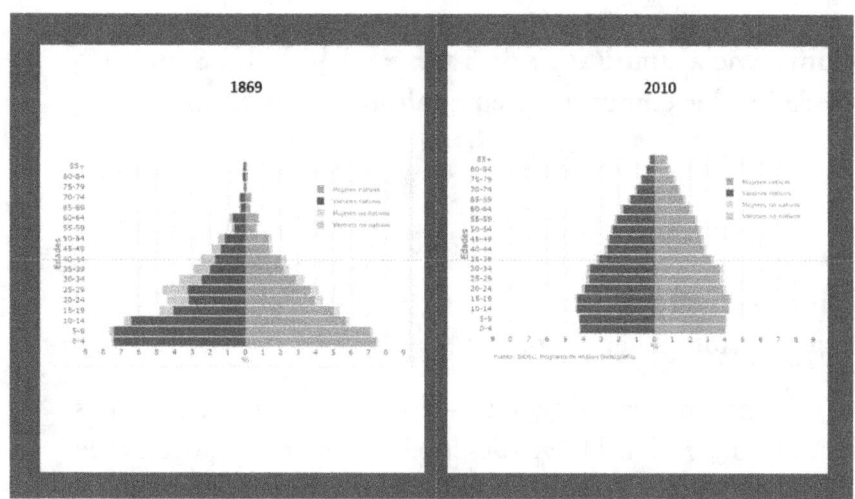

La pirámide de 2010 muestra la profundización del estrechamiento de la base, es decir de las edades de 0 a 4 años, y el ensanchamiento en la cúspide de la pirámide (más de 65 años). En los adultos mayores es marcada la presencia de mujeres, producto de la sobremortalidad femenina. La proporción de adultos de más de 65 años superaba en ese momento el 10,2% a nivel total país.

Esta evolución se debe a dos factores centrales: 1) por un lado vivimos más (y mejor). La esperanza de vida se duplicó en este período: pasó de 32,8 años en 1869 a los 75,3 años registrados en el último censo. 2) por otro lado se copia la tendencia europea de tener menor cantidad de hijos o tenerlos a mayor edad.

Como resultado de este fenómeno demográfico, que no solo ha ocurrido en Argentina, estamos viviendo hoy algo que nunca se había producido:

La convivencia simultánea de 5 GENERACIONES en los mercados, las empresas, y en cualquier espacio social, real o virtual

Los "nuevos clientes"
La (re) evolución generacional

La Teoría generacional de Strauss-Howe, creada por los autores William Strauss y Neil Howe, describe una teoría recurrente de ciclos de generaciones en la historia. Strauss y Howe sentaron las bases para su teoría en su libro de 1991 *Generaciones*, que trata la historia de los Estados Unidos como una serie de relevos generacionales a partir de 1584. En su libro de 1997 *La cuarta vuelta*, los autores ampliaron la teoría al centrarse en un cuádruple ciclo generacional de las épocas de la historia estadounidense.

¿Cómo podríamos DEFINIR A «UNA GENERACIÓN»?

Conjunto de INDIVIDUOS que nacen en un PERÍODO SIMILAR de años (10 a 20) y que comparten elementos culturales, morales o creencias que han marcado sus vidas

Cada generación se caracteriza por haber vivido acontecimientos sociales que marcaron un «ESTILO DE VIDA». Además de adquirir comportamientos por pertenecer a SEGMENTOS DEFINIDOS por variables clásicas como: edad, NSE, estado civil que les hace tener características particulares de grupo.

¿Cuáles son estas 5 generaciones?

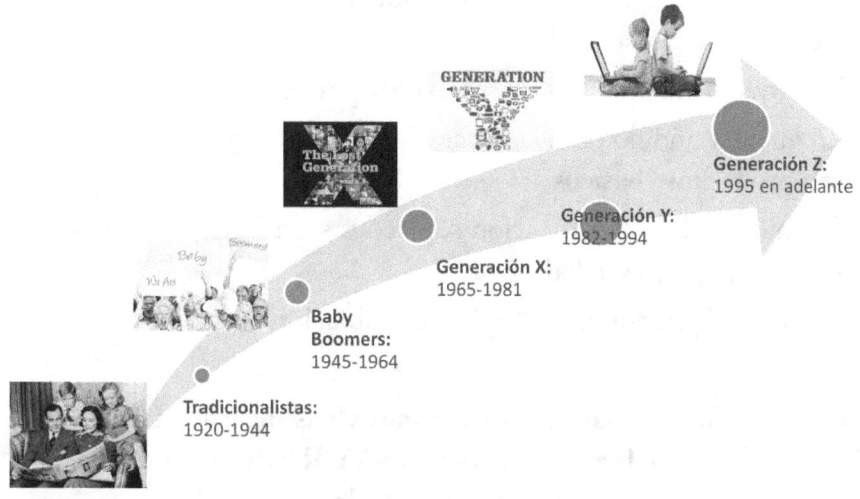

Podemos dividir estas generaciones en tres categorías

- Las analógicas: Tradicionalistas y Baby Boomers
- La de "transición": Generación X
- Las "digitales": Millenials (Y) y Generación Z

Los Millenials y la Generación Z tienen cada vez más peso en los procesos de compra. Están comenzando a tomar responsabilidades en la gestión de las organizaciones. Y tienen un paradigma diferente al de sus predecesores.

Se formaron en un mundo que nada tiene que ver con el que experimentaron los integrantes de la generación de la transición y los "analógicos".

¿Cuáles son sus características principales?

- Son multitareas. No hay realidad sin tecnología.
- Priorizan la calidad de vida: equilibrio entre el trabajo y el desarrollo personal.
- Es la generación de los "emprendedores"; les entusiasma crear su espacio laboral.
- Es la que usó más tipos de tecnología para entretenimiento.
- Lo que era un lujo para la generación X para la generación Y son productos "básicos".
- Sus medios de comunicación son redes sociales y profundizan los entornos virtuales.
- Los Z ya representan el 30% de la población mundial.

Están empujando a las organizaciones y sus marcas HACIA EL CAMBIO: para lograr las cosas MÁS RÁPIDO, de una forma más inteligente y más interconectada:

1	Demandan una *EXPERIENCIA ÚNICA DE USUARIO*, quieren que las empresas entiendan sus necesidades. Necesitan que se *ATREVAN A INNOVAR*.
2	No quieren *PERDER MÁS TIEMPO* en colas para compras presenciales o gestiones asociadas a sus producto / servicio
3	Lo virtual y las redes sociales *SON SU HÁBITAT* El chat es su modelo de comunicación. *LA INMEDIATEZ* es parte de lo «esperado»

En una reciente investigación de mercado realizada por nuestro equipo a nivel nacional, sobre 1500 casos de consumidores pertenecientes a las 5 generaciones, pudimos comprobar que:

- **LAS NUEVAS GENERACIONES (Z e Y) VALORAN MÁS EL ROL SOCIAL DE EMPRESAS CON LAS QUE SE VINCULAN:** ENTRE EL 50% Y EL 60% ESTÁN DISPUESTOS A PAGAR MÁS POR PRODUCTOS Y SERVICIOS DE COMPAÑÍAS «SOCIALMENTE RESPONSABLES».

- **YOUTUBE ES LA NUEVA PANTALLA,** Y CRECE LA PARTICIPACIÓN DE LAS «REDES» COMO TWITTER E INSTAGRAM EN ESTOS SEGMENTOS

- **LA OPINIÓN DE OTROS CONSUMIDORES EN INTERNET ES MÁS CONFIABLE** PARA LAS NUEVAS GENERACIONES: EL 4% EN LOS TRADICIONALISTAS PASA AL 50% EN LA GENERACIÓN Z.

- **LOS «MANDATOS SOCIALES» COMO CASARSE Y TENER HIJOS,** PIERDEN FUERZA. PONEN EL FOCO EN EL DESARROLLO LABORAL Y EL EMPRENDEDURISMO. PERO SE MANTIENE VIGENTE EL ASPIRACIONAL DE «LA CASA PROPIA».

- **MÁS DE LA MITAD ESTARÍA DISPUESTO A OPERAR TOTALMENTE ON LINE** CON LAS MARCAS QUE OFREZCAN UNA EXPERIENCIA DIGITAL ADECUADA.

En los próximos **10 años, 7 de cada 10 consumidores estarán representados por integrantes de las generaciones digitales**. Nuestra propuesta de valor deberá adaptarse para cubrir sus expectativas y adaptarse a sus procesos de compra.

Competitividad Generacional

Una gran herramienta para poder enfrentar con éxito este nuevo escenario está en la construcción de lo que denominamos "competitividad generacional": generar sinergia puertas adentro de la organización sumando la visión de colaboradores de TODAS LAS GENERACIONES. Entendiendo que no hay verdades absolutas. Y que cada uno desde su lugar, y con su paradigma, tiene posibilidades de agregar valor en el diseño y la implementación de la estrategia.

Es importante preguntarse: ¿Está mi empresa preparada para captar y retener colaboradores de las nuevas generaciones? Nuestro modelo de negocio, y la propuesta de valor: ¿tiene capacidad de adaptarse a este nuevo perfil de clientes?

Generación C

Tomando la palabra de Seth Godin, considerado uno de los teóricos del marketing más importante del siglo XXI: "no vale la pena clasificar a las multitudes por su edad; cada generación es compleja y se entremezcla con todas las demás, **pero podría ser una forma útil de comprender los problemas que hemos enfrentado y hacia dónde nos dirigimos**".

Entonces, el marco general de análisis generacional se convierte en una herramienta interesante. En una de sus últimas columnas, Godin propone esta nueva generación que se inauguró con el COVID-19, y está definida fundamentalmente por **las nuevas formas de conexión:** la pérdida de la conexión física y la búsqueda de un lugar para refugiarnos conectados al mundo a través de la pantalla.

Se trata de Cliente$ que están viviendo un antes y un después, en todas las dimensiones de su vida: la educación, la cultura, el trabajo y las compras. Comportamientos que cambiaron y que en algunos casos dejarán su huella para siempre.

La velocidad con la que se produjo este cambio de época es un aspecto determinante. Nos dice Godin en su Blog diario: "ninguna idea o cambio de comportamiento se ha extendido más rápida o completamente en la historia del planeta. En siete semanas, la vida de cada persona en la Tierra cambió, y la tragedia que se desarrolla y el largo camino hacia adelante impulsarán las expectativas durante años".

Los "pandemials"
La generación del futuro

Nacieron alrededor de 30 millones de bebés en el planeta durante la pandemia. Este grupo, sumado a los niños de cero a cinco años, formarán parte **de esta nueva generación que estará cruzada por fuertes cambios:** sociales, culturales y económicos.

Algunos analistas estiman que se producirá un incremento en las tasas de natalidad que producirá un efecto similar al de la postguerra en 1945 que diera origen a los Baby Boomers.

Esta nueva generación estará marcada por:

- El distanciamiento social
- La higiene y seguridad
- El temor al contacto
- La educación a distancia
- La hiperconectividad y los entornos virtuales

Mercado B2B
El segmento corporativo en Argentina

Existen unos 814 CUITS en Argentina. El 94% **corresponde a empresas que tienen HASTA 20 EMPLEADOS**. El segmento de "grandes empresas", tomando aquí el grupo de firmas con más de 200 empleados registrados, reúne menos de 4000 empresas.

Q Empleados	Q Empresas	%	% Acum
SIN EMPLEO	271.067	33,26%	33,26%
1 A 5	400.332	49,13%	82,39%
6 A 20	96.825	11,88%	94,27%
21 A 40	21.672	2,66%	96,93%
41 A 65	9.339	1,15%	98,08%
66 A 90	4.401	0,54%	98,62%
91 A 200	6.660	0,82%	99,43%
201 A 1000	3.795	0,47%	99,90%
MAYOR A 1000	815	0,10%	100,00%
TOTAL	814.906	**100%**	

Fuente: www.monitorsectorial.com.ar / Claves Información Competitiva

En el ranking general, organizado en función de la cantidad de empresas que aporta cada sector, el comercio minorista/mayorista ocupa la primera posición con 193 mil empresas activas que generan 1,2 millones de puestos de trabajo y representan el 14% del PBI nacional.

Completan las primeras 5 posiciones: la actividad inmobiliaria, los servicios comunitarios y sociales, la agricultura y la industria manufacturera.

Sector	Valor agregado 4 Trim. 2016	Empresas Julio de 2016	Empleo Julio de 2016	Salario medio Junio de 2016	Particip. PIB II Trim. 2016
COMERCIO MAYORISTA, MINORISTA	2.572.773	193.644	1.218.908	$ 26.008	14,08%
INMOBILIARIAS, EMPRESARIALES Y DE ALQUILER	1.939.179	136.387	897.261	$ 39.616	10,61%
SERVICIOS COMUNITARIAS, SOCIALES Y PERSONALES	546.512	133.173	553.117	$ 42.916	2,99%
AGRICULTURA ,GANADERIA,CAZA Y SILVICULTURA	2.389.718	77.331	346.099	$ 21.124	13,08%
INDUSTRIA MANUFACTURERA	2.650.548	68.971	1.249.697	$ 52.671	14,51%
TRANSPORTE Y COMUNICACIONES	1.293.499	57.625	561.949	$ 56.798	7,08%
CONSTRUCCIÓN	772.279	50.848	480.266	$ 87.748	4,23%
HOTELES Y RESTAURANTES	385.644	32.893	285.291	$ 23.529	2,11%
SERVICIOS SOCIALES Y DE SALUD	1.080.543	30.958	384.194	$ 45.818	5,91%
INTERMEDIACIÓN FINANCIERA	702.141	11.247	248.990	$ 85.047	3,84%
ENSEÑANZA	1.015.792	11.124	691.663	$ 26.638	5,56%
ADMINISTRACIÓN PÚBLICA	1.340.948	5.614	3.734.190	$ 45.557	7,34%
EXPLOTACIÓN DE MINAS Y CANTERAS	835.865	1.912	93.209	$ 136.116	4,57%
ELECTRICIDAD, GAS Y AGUA	519.441	1.775	98.247	$ 95.795	2,84%
OTROS	835.865	559	93.209		
TOTAL		814.061	10.936.290		100%

Capital Federal y Buenos Aires concentran el 56% del total de empresas registradas en nuestro país, y el porcentaje acumulado sumando Córdoba, Santa Fe y Mendoza alcanza el 78%. El resto de los distritos se reparten el otro 22%.

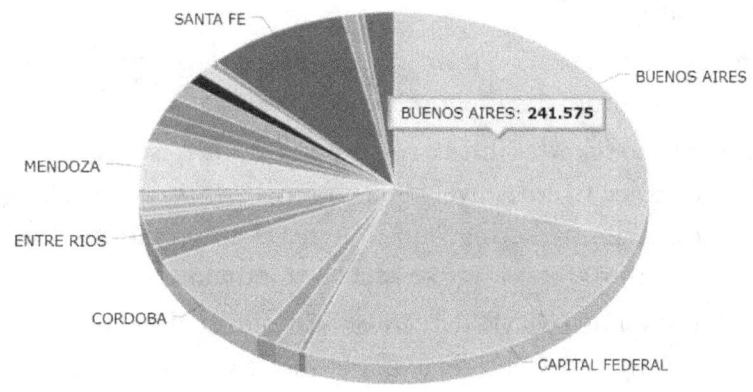

En síntesis, el macro segmento de Cliente$ corporativos en Argentina:

- Son fundamentalmente **micro pymes con menos de 20 empleados.**
- Fundamentalmente vinculados a **la actividad comercial y los servicios.**
- Con alto nivel de concentración en **CABA y Buenos Aires.**
- Las actividades **industriales y agrícolas también son relevantes**, y suman en conjunto unas 140 mil empresas, 1,5 millón de trabajadores y 27% del Producto Bruto Interno.

La pregunta clave:
¿Cómo funciona el proceso de compra?

Todos los clientes recorren un proceso en cada decisión de compra que realizan.

Este proceso tiene etapas claramente definidas en las que varios de los autores que abordan el fenómeno coinciden.

Tomando el modelo de Shifman y Kanuk el proceso está influenciado y condicionado a nivel externo por DOS INSUMOS: 1) Las decisiones de marketing que toman las empresas y 2) el ambiente socio cultural en el que se mueve el individuo.

El PROCESO DE COMPRA en donde se resuelven las decisiones del consumidor tiene etapas definidas y condicionadas a nivel interno por el "campo psicológico" del individuo, lo que incluye, entre otros factores, la percepción, el aprendizaje, las actitudes y las experiencias previas.

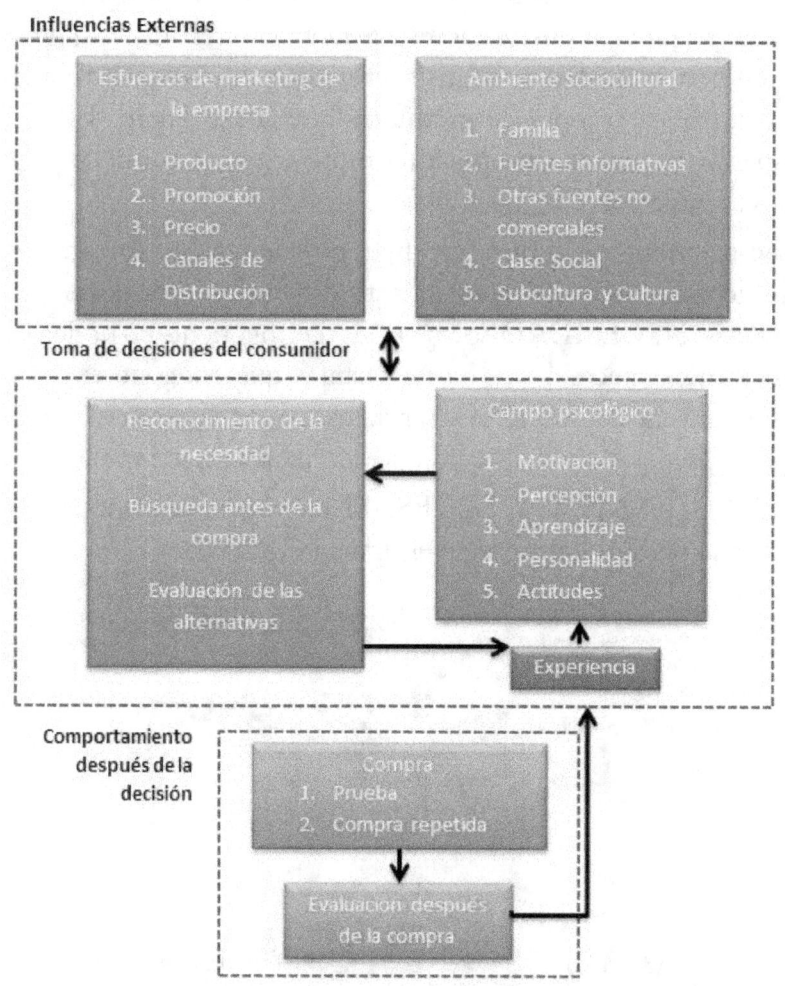

Fuente: SCHIFFMAN, León G. y Lazar Kanuk Leslie. (2005).
Comportamiento Del Consumidor. 8° Edición.
México: Ed. Pearson Educación.

Según Philip Kotler, el proceso se organiza en cinco etapas centrales:

1. **Contemplación o reconocimiento de la necesidad**: Es la fase en la que los consumidores comienzan a reconocer que tienen una necesidad que satisfacer y, por tanto, empiezan a contemplar la compra de productos que la satisfagan. Este despertar puede suceder por una motivación natural o por una estimulación externa.

   En este punto es importante fijar posición sobre un amplio debate que se ha dado en esta dimensión: ¿es posible CREAR NECESIDADES? ¿El Marketing tiene el poder para fabricar necesidades en los clientes que antes no existían y así vender productos y servicios?

   Es importante diferenciar los conceptos de NECESIDADES, DESEOS y SATISFACTORES. El ciclo necesidad-deseo-demanda podría resumirse en el siguiente gráfico:

   Las necesidades son un estado de carencia percibido. Mientras que los deseos son la forma que toma una necesidad en función de la cultura, el contexto y la personalidad del individuo. Finalmente, la demanda es la concreción del deseo respaldado por la capacidad de compra.

Entonces: ¿el marketing crea necesidades?

Nunca. Es imposible crear necesidades. Son preexistentes. Reales o latentes. El desafío del marketing es CREAR SATISFACTORES adecuados que tengan capacidad de resolver los deseos de los clientes potenciales identificados, diseñando una estrategia de comunicación eficiente y colocando el producto en el lugar adecuado, en el momento justo y al precio correcto.

2. **Búsqueda de información:** En esta segunda fase el consumidor inicia la búsqueda de información para saber cómo satisfacer sus necesidades y canalizar sus deseos. Esta fase reconoce dos estados: 1) PASIVO: cuando el consumidor se limita a estar receptivo cuando escucha hablar del producto que le ha causado interés y 2) ACTIVO: cuando el consumidor busca intencionadamente información sobre el tema.

3. **Evaluación de alternativas:** Con información generada en la fase anterior, en esta etapa el consumidor analiza las alternativas disponibles. Evalúa los "satisfactores". Que pueden ser productos similares o sustitutos que resuelven la mima necesidad.

4. **Decisión de compra:** Es la fase final en la que la persona decide qué compra, dónde lo hace y cómo lo paga. (Ver en el CAPÍTULO 4 la Recomendación de terceros).

5. **Comportamiento post-compra:** La necesidad ha sido cubierta. El satisfactor fue elegido y el deseo se ha calmado. De todas maneras, el comportamiento posterior a la compra se considera parte del PDC porque, dependiendo su resultado (satisfacción o insatisfacción), se pondrán en juego los comportamientos futuros que más relevantes son para la estrategia de marketing: La Re-compra y la Recomendación.

Los Roles del PDC

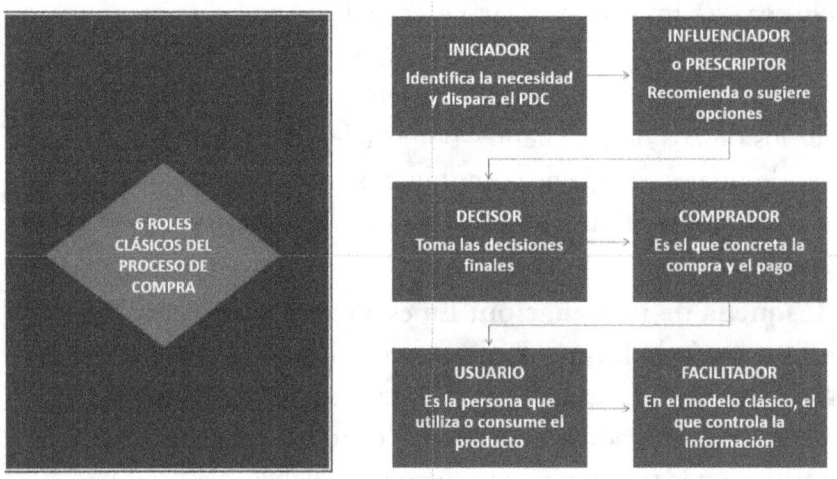

¿CÓMO INVESTIGAR EL MERCADO?
SISTEMA DE INFORMACIÓN DE MERCADO

La investigación de mercado es una de las herramientas centrales del marketing, que está contenida dentro del SIM: el **Sistema de Información de Marketing**.

A partir de la determinación de necesidades de información, derivadas del proceso de análisis y planificación estratégica, el equipo de marketing avanza en el desarrollo de los insumos necesarios que podrían obtenerse de cuatro fuentes principales, tal como se resume en el siguiente gráfico:

Enfoques y herramientas principales

Cuando se define avanzar en un programa de investigación de mercado, debemos tener en cuenta que no solo implica investigar "al consumidor". Los estudios de mercado pueden enfocarse en cuatro dimensiones centrales:

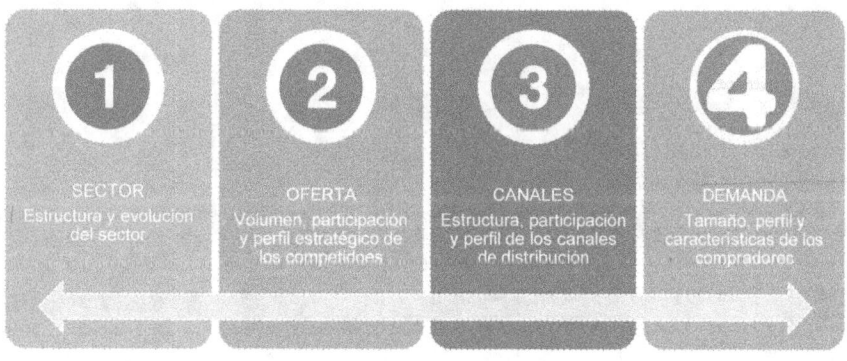

Sin abordar esta temática en detalle, es posible resumir las metodologías de investigación de mercado en dos grandes categorías: Secundarias y Primarias.

1. **La investigación secundaria** utiliza un conjunto de técnicas que permite identificar, clasificar y procesar información que YA ESTÁ DISPONIBLE en fuentes oficiales o privadas y que pueden ser de utilidad para nuestro proyecto de investigación.

   Por ejemplo, en Argentina y en el resto de los países del mundo, la fuente oficial de información secundaria suele ser el Instituto de Estadísticas Nacional. En nuestro caso el INDEC, que genera y publica información de diferentes sectores y mercados (www.indec.gob.ar).

2. **La investigación primaria,** en cambio, es aquella que hemos diseñado y ejecutado especialmente para cubrir los objetivos de información establecidos en nuestro proyecto. Puede realizarse a nivel exploratorio (con técnicas y herramientas cualitativas) y también puede tener una instancia concluyente-descriptiva (con técnicas y herramientas cuantitativas).

Cuadro Resumen

Como en el resto de las dimensiones del marketing, el desarrollo tecnológico ha producido su impacto en los procesos de Investigación de Mercado.

Estamos convencidos de que ni al nivel estratégico del marketing ni en su dimensión táctica, la tecnología cambia los principios o fundamentos metodológicos de base. Pero, sin duda, aumentan las posibilidades de obtener información del mercado en tiempo real, procesarla y analizarla más rápido.

El informe "Tendencia de Investigación de Mercado 2019" elaborado por SAIMO (Sociedad Argentina de Investigación de Mercado) nos muestra el avance de las nuevas herramientas y metodologías para la recolección, el procesamiento y el análisis de datos.

El cuadro siguiente resume los principales emergentes:

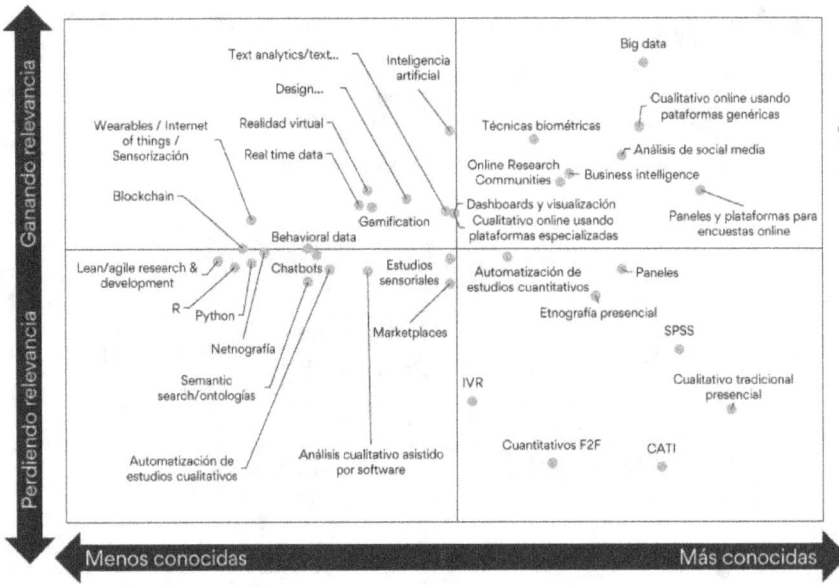

El Análisis Interno

El anillo interno del diagnóstico estratégico se concentra en la dimensión interna de la organización. Existen varias herramientas que sirven como marco para identificar cuáles son los puntos fuertes y los puntos débiles de la empresa.

Cadena de Valor

Propuesta por Michael Porter en su libro *La Ventaja Competitiva*, la cadena de valor se ha convertido en una de las herramientas clásicas en el análisis estratégico. Porter plantea que la ventaja competitiva no puede ser comprendida viendo a la empresa como un todo, sino que es necesario "descomponerla" en las actividades que realiza y que pueden contribuir a generar diferenciación.

76

Cada empresa es entonces un conjunto de actividades que operan en conjunto con el objetivo de conectar su propuesta de valor con el mercado. En la cadena de valor las actividades se dividen en dos grupos: primarias y de apoyo:

En términos competitivos EL VALOR, que está al final de la cadena, es la cantidad que los compradores están dispuestos a pagar por lo que una empresa les brinda. La sumatoria de los costos totales en los que una empresa incurre para realizar sus actividades primarias y de apoyo debe ser menor al valor que el Cliente está dispuesto a pagar. La diferencia entre ese valor y los costos totales es el MARGEN.

Para utilizar esta herramienta como marco para el análisis interno, debemos identificar fortalezas y debilidades en cada uno de los eslabones.

Las 7S McKinsey

El concepto lo introdujo Tom Peters en 1980 en el artículo «Estructura no es Organización» publicado en Business Horizons. El artículo abordó cuestiones de eficacia organizacional.

Los coautores de Tom Peters fueron Julien R. Phillips y Robert H. Waterman. Todos trabajaban en ese momento en la oficina de McKinsey & Company en San Francisco.

El modelo identifica siete dimensiones básicas que forman parte de la organización y que también son fuente de fortalezas y debilidades. Se enfoca no solo en los factores individuales sino en la interacción de estas variables como parte de la dinámica organizacional.

De acuerdo con el esquema 7-S, el cambio organizacional efectivo es impulsado por 7-Ss. Hay «Ss Fuertes» (Estrategia, Sistemas y Estructura) y «Ss Suaves» (Habilidad, Persona y Estilo).

Las 7 dimensiones y su significado

Radar de Micro Competitividad

El concepto de Competitividad Sistémica propuesto por Esser et al. (1996), incorpora cuatro niveles de análisis:

1. **Nivel Meta**: Este nivel se refiere a la estructura de la organización jurídica, política y económica, la capacidad social de organización e integración y la capacidad de los actores para la integración.
2. **Nivel Macro**: Este nivel incorpora elementos de carácter social y variables macroeconómicas manejadas por el Estado que ejercen influencia en el sector productivo.
3. **Nivel Meso:** Nivel Industria o Región. Está relacionado con la eficiencia del entorno: el mercado de factores y la infraestructura física e institucional.
4. **Nivel Micro:** Nivel Empresarial. Aquí se incluyen los factores que condicionan el desempeño de la empresa como la productividad, la organización empresarial o la innovación en tecnologías.

Es decir que la competitividad de una organización depende de múltiples factores, internos y externos. Gran parte de ellos están fuera del control empresarial. De todas maneras, frente a escenarios macro similares, hay empresas que logran mejores rendimientos que otras. Ese diferencial está explicado por los niveles de competitividad empresarial o lo que conocemos como "micro competitividad".

La complejidad de este concepto ha impedido que se pueda llegar a una definición consensuada, que además permita identificar cuáles son los componentes que la conforman y cómo debe medirse. A partir del análisis de los modelos existentes a nivel local e internacional, con el valioso aporte de diferentes referentes institucionales y empresariales, diseñamos para el Ministerio de Producción de la Nación el RADAR de Micro Competitividad Empresarial, con el objetivo de diagnosticar la competitividad interna de las organizaciones.

La herramienta analiza 7 dimensiones de gestión para 5 sectores económicos centrales (industria, comercio, servicios, agro y construcción) con un stock de entre 40 y 60 variables, dependiendo de la actividad.

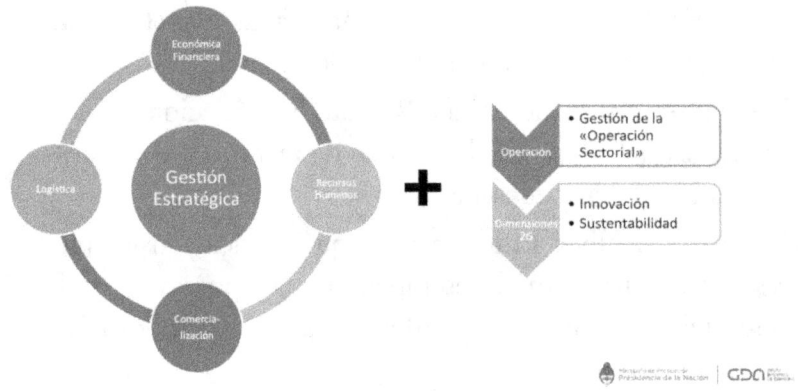

Cada una de las variables analizadas se miden con una escala que tiene dos objetivos centrales:

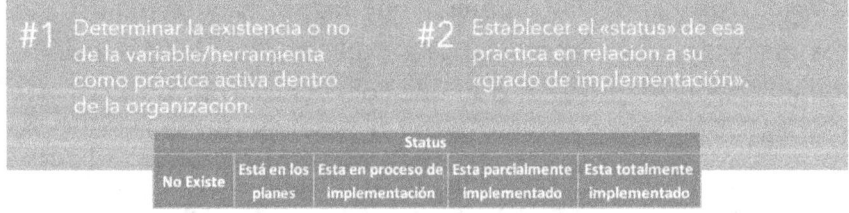

De esta manera, permite obtener un indicador de micro competitividad general identificando fortalezas y debilidades relacionadas con la gestión organizacional.

Cada una de las dimensiones puede alcanzar un VALOR que se ubicará entre los 0 y los 100 puntos. El valor máximo refleja un desempeño «perfecto» de la dimensión. Es decir, significaría que la unidad de análisis (empresa/sector/industria) tiene como parte de su modelo de gestión todas las variables contempladas y en estado pleno de implementación.

Representación Gráfica RADAR MCE
Ejemplo "Dimensión Estratégica"

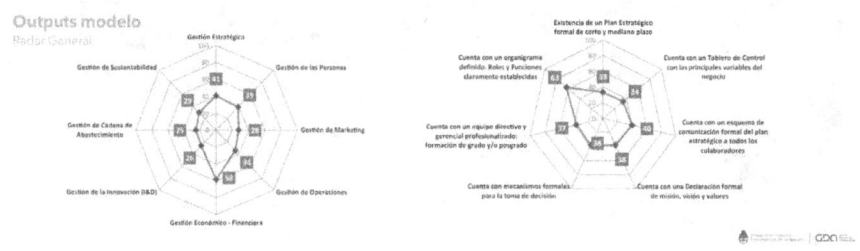

2.3. ANÁLISIS FODA
HACIENDO UNA SÍNTESIS DEL DIAGNÓSTICO

El proceso de Diagnóstico Estratégico debe permitirnos identificar las amenazas y oportunidades que enfrenta la organización (visión externa) y tener claras cuáles son las fortalezas y debilidades que tenemos (visión interna) para capitalizarlas o enfrentarlas.

La herramienta que nos ayudará en el ejercicio de síntesis de estas variables se denomina MATRIZ FODA. Nos permite **organizar los emergentes del diagnóstico general en las dos dimensiones: análisis interno y análisis externo.**

Luego de recorrer el análisis de la organización y relevar las dimensiones del micro entorno y del macro entorno, estaremos en condiciones de identificar las variables principales y clasificarlas en algunas de estas cuatro categorías:

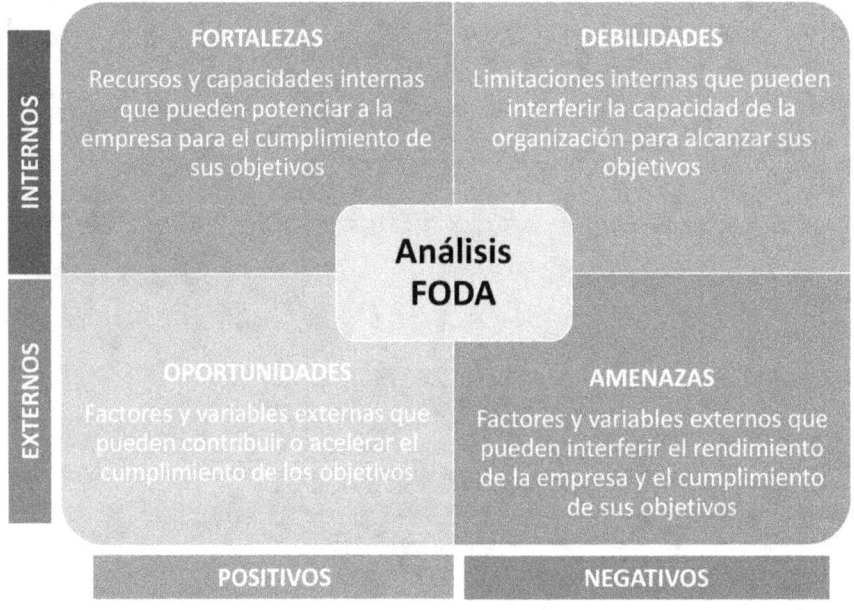

CHEK-LIST GENERAL
¿DÓNDE BUSCAR VARIABLES PARA EL FODA?

El siguiente cuadro ofrece un marco de referencia (no exhaustivo) de áreas en las que pueden identificarse fortalezas, debilidades, amenazas y oportunidades.

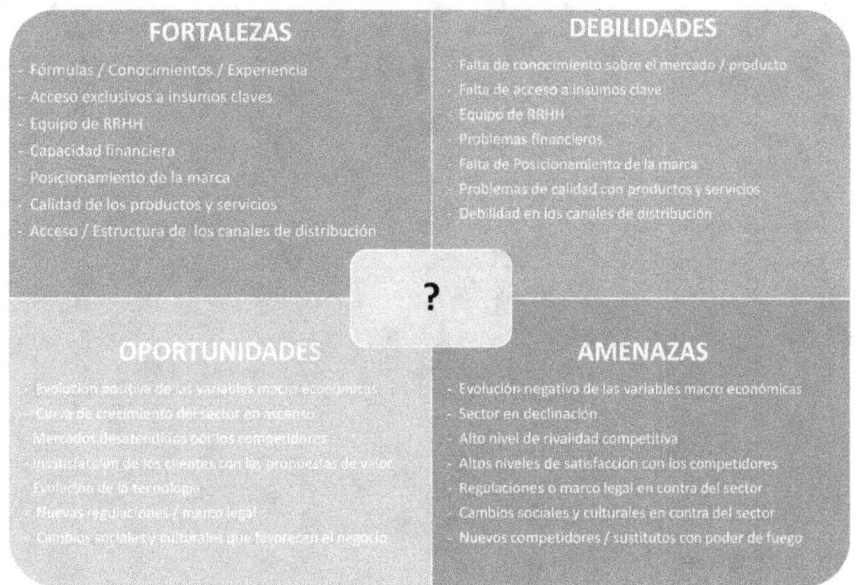

FORTALEZAS
- Fórmulas / Conocimientos / Experiencia
- Acceso exclusivos a insumos claves
- Equipo de RRHH
- Capacidad financiera
- Posicionamiento de la marca
- Calidad de los productos y servicios
- Acceso / Estructura de los canales de distribución

DEBILIDADES
- Falta de conocimiento sobre el mercado / producto
- Falta de acceso a insumos clave
- Equipo de RRHH
- Problemas financieros
- Falta de Posicionamiento de la marca
- Problemas de calidad con productos y servicios
- Debilidad en los canales de distribución

OPORTUNIDADES
- Evolución positiva de las variables macro económicas
- Curva de crecimiento del sector en ascenso
- Mercados desatendidos por los competidores
- Insatisfacción de los clientes con las propuestas de valor
- Evolución de la tecnología
- Nuevas regulaciones / marco legal
- Cambios sociales y culturales que favorecen el negocio

AMENAZAS
- Evolución negativa de las variables macro económicas
- Sector en declinación
- Alto nivel de rivalidad competitiva
- Altos niveles de satisfacción con los competidores
- Regulaciones o marco legal en contra del sector
- Cambios sociales y culturales en contra del sector
- Nuevos competidores / sustitutos con poder de fuego

¿QUÉ HACEMOS CON EL FODA?

El FODA debe convertirse en una HERRAMIENTA PARA LA TOMA DE DECISIONES. No sirve solo LISTAR las variables para completar el cuadro y avanzar en el plan sin tener en cuenta lo que hemos seleccionado en cada cuadrante y sobre todo, la RELACIÓN ENTRE LAS VARIABLES, que establecen cuatro tipos de estrategias diferentes:

ENFOQUE ESTRATÉGICO	ANÁLISIS DEL ENTORNO	
BALANCE DE FUERZAS	OPORTUNIDADES	AMENAZAS
	Top 5 Oportunidades	Top 5 Amenazas
ANÁLISIS INTERNO		
FORTALEZAS	ESTRATEGIAS OFENSIVAS MAXI-MAXI	ESTRATEGIAS DEFENSIVAS MAXI-MINI
Top 5 Fortalezas		
DEBILIDADES	ESTRATEGIAS DE ADAPTACIÓN MINI-MAXI	ESTRATEGIAS DE REINVENCIÓN MINI-MAXI
Top 5 Debilidades		

2.4. Definición de Objetivos:
¿Adónde quiero llegar?

Un objetivo es el planteo de una meta o un propósito a alcanzar.

La definición de objetivos es una de las instancias fundamentales en un proceso de planificación que se presentan como directrices y desafíos para el futuro que pueden (o no) concretarse en la realidad, de acuerdo a cómo se realice el proceso de implementación.

Clasificación de Objetivos

De acuerdo al marco temporal:

1. **Objetivos a corto plazo.** Aquellos que están muy próximos a realizarse, dentro de los próximos 12 meses.

84

2. **Objetivos a mediano plazo.** Aquellos que no podrán ser concretados de manera inmediata. Entre 1 y 3 años.

3. **Objetivos a largo plazo.** Aquellos que planteamos para el futuro, pero que guían nuestras acciones presentes. Más de 3 años vista.

Conforme a su perspectiva. Atendiendo a los elementos en los que se centran, los objetivos pueden ser de dos tipos:

4. **Objetivos generales**. Aquellos que son muy abarcativos o involucran de manera amplia un cometido.

5. **Objetivos específicos**. Aquellos que están acotados o van a lo puntual, a un cometido concreto.

El modelo OKR
La "evolución" en la administración por objetivos

El capitalista de riesgo John Doerr ha ayudado a financiar desde la compañía Kleiner Perkins empresas como Intuit, Amazon, Google, Twitter y una serie de otras empresas de tecnología conocidas. Muchos de ellos utilizan un sistema de establecimiento de metas que Doerr implementó y se denomina "OKR", para "objetivos" y "resultados clave" por sus siglas en inglés.

¿Cuál es el origen de este enfoque?

Este modelo de gestión por objetivos MBO de Peter Drucker, publicado en su libro de 1954 *The Practice of Management*. En 1968 Andy Grove cofundó Intel Corp. y, mientras era el CEO, evolucionó el modelo MBO en el modelo de OKRs que utilizamos hoy en día.

Grove, considerado el Padre de los OKRs, documentó este modelo en su libro *High Output Management* de 1983.

En 1981 George T. Doran creó el criterio "S.M.A.R.T." para la definición de objetivos en su escrito "There's a S.M.A.R.T. way to write management's goals and objectives", en el que analizó la importancia de los objetivos y la dificultad de establecerlos.

Timeline
50 años de "administración por objetivos"

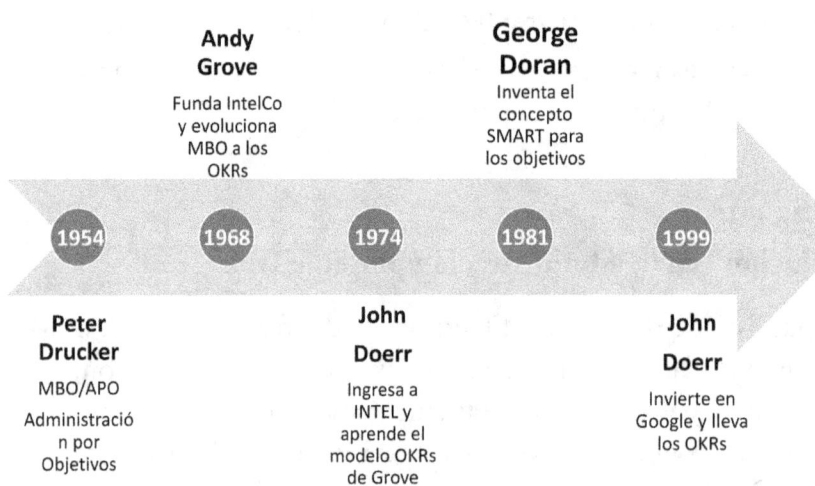

En su nuevo libro, *Measure What Matters*, explica cómo y por qué funciona el sistema y su enfoca en estudios de casos de líderes que lo han adoptado, tales como Bill Gates, Larry Page y Bono. En el artículo publicado en *Harvard Buisness Review* con motivo del lanzamiento de su libro, Doerr explica la diferencia entre objetivos y resultados clave: "El objetivo es lo que quiero haber logrado. Los resultados clave son cómo voy a lograrlo".

Doerr marca cuatro beneficios centrales que genera la implementación del sistema en las organizaciones y lo presenta bajo el acrónimo FACTS, por sus siglas en inglés: Focus, Aligment, Comminment, Tracking. Lo que tiene doble impacto porque además se traduce como **HECHOS. Y eso también describe la orientación del modelo.**

Los cuatro beneficios son:

1. Enfoque: porque son limitados en número.
2. Alineación: es lo que hace que todos estén en la misma línea.
3. Compromiso: cuando ha establecido estos objetivos de manera transparente y todos sus colegas los ven, el compromiso lo aclara rápidamente.
4. Seguimiento: la posibilidad de seguir el progreso, visualizarlo y compartirlo es un elemento clave.

Larry Page de Google es el maestro de multiplicar por diez todo, y se expande más allá. Dirá: "prefiero que el objetivo sea ir a Marte, y si nos quedamos cortos, llegaremos a la luna". Los objetivos suelen durar más. Son audaces y ambiciosos. Los resultados clave son agresivos, pero siempre medibles, de duración determinada y limitados en número. En cualquier nivel de la empresa en donde se aplique este sistema no habrá más de cuatro o cinco objetivos y tres resultados clave. El desafío es identificar cuáles son las cosas más importantes dentro de la empresa.

El modelo de Objetivos, Resultados y Tareas

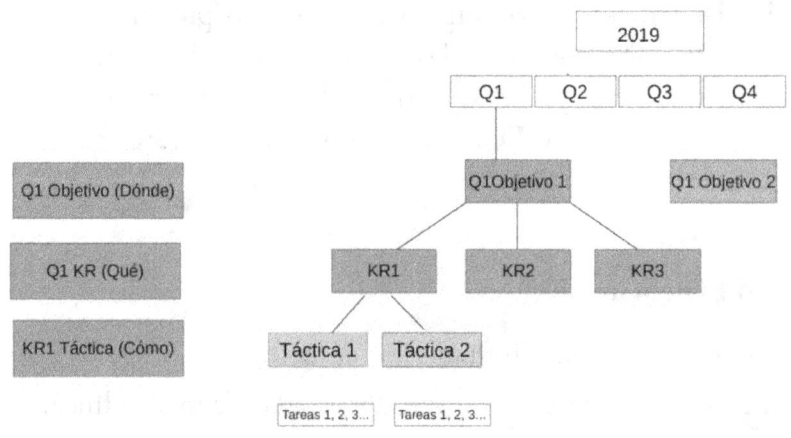

2.5. Diseño de la Arquitectura Estratégica
¿Cómo vamos a lograr los objetivos?

El concepto de arquitectura estratégica fue desarrollado por el Dr. C. K. Prahalad, profesor de administración de empresas de la Universidad de Michigan. El autor habla de "crear una arquitectura estratégica, que consiste en preguntarse cómo será el futuro de la organización". Para responder ese interrogante vuelve a la noción de identificar las competencias centrales que las empresas deben tener para alcanzar sus objetivos en ese futuro deseado.

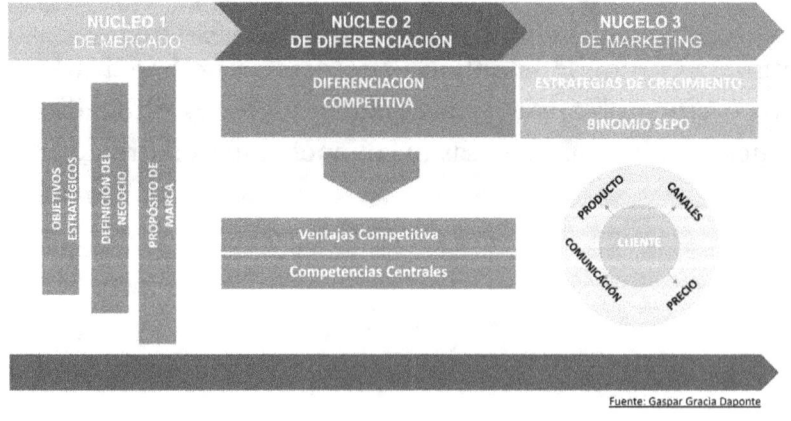

Fuente: Gaspar Gracia Daponte

2.5.1. Núcleo de Mercado

Definición del negocio

La definición del negocio en el que estamos es el punto de partida para la construcción de la arquitectura estratégica. Teniendo en cuenta los postulados de Levitt vinculados a la miopía de marketing, es importante que establezcamos con claridad nuestro ámbito de actuación teniendo en cuenta LAS NECESIDADES que estamos en condiciones de satisfacer, sin una visión centrada en el producto o en el sector de actividad.

Una **correcta reflexión sobre el "NEGOCIO" en donde vamos a construir nuestra posición competitiva ordenará el resto de las decisiones**.

El modelo de Abell

El marco de la definición tridimensional del negocio del profesor Derek F. Abell de Harvard es un modelo que se puede utilizar para definir el negocio de una compañía.

En su libro *Definiendo el Negocio: El punto de partida del planeamiento estratégico*, Abell dice que la manera estándar de observar un negocio solo en dos dimensiones (los productos y los mercados) tiene limitaciones.

Propone un modelo tridimensional, con tres vectores centrales:

1. **QUIÉN: Grupos de clientes atendidos.**
2. **QUÉ**: Funciones atendidas al cliente. Necesidades.
3. **CÓMO:** Tecnologías utilizadas. La manera en que las necesidades están siendo satisfechas.

Modelo de Abell:

Definición del Negocio mediante tres dimensiones

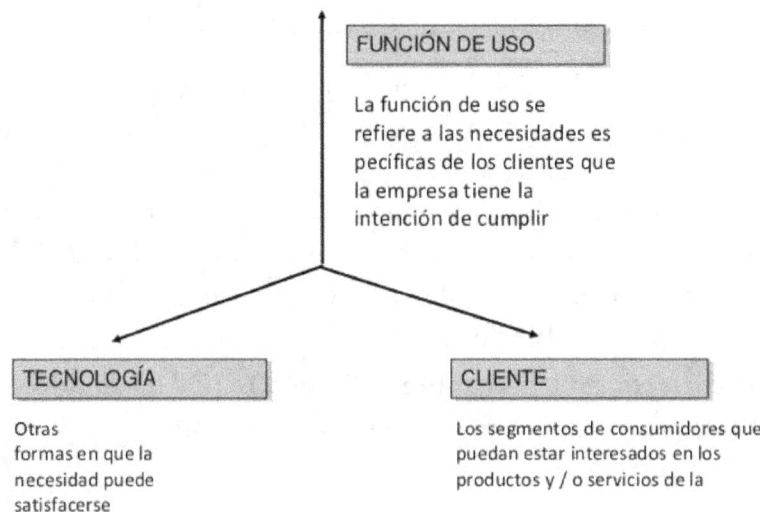

FUNCIÓN DE USO

La función de uso se refiere a las necesidades es pecíficas de los clientes que la empresa tiene la intención de cumplir

TECNOLOGÍA

Otras formas en que la necesidad puede satisfacerse

CLIENTE

Los segmentos de consumidores que puedan estar interesados en los productos y / o servicios de la

El Propósito de la marca
Mas allá de la "misión"

La misión, del latín *missio*, es un concepto que está presente desde los orígenes de la humanidad. En el ámbito empresarial ha sido definido como "la razón de ser" de la organización. Es una pregunta profunda y existencial. Según Campbell y Nash, plantear la misión de la empresa es equivalente a la pregunta que un individuo puede hacerse acerca de la razón de su propia existencia.

En los últimos años, esta noción estratégica ha sido enriquecida con el concepto de PROPÓSITO ORGANIZACIONAL. Supone no solo pensar en la esencia de la organización en función de su objetivo empresarial, sino en el impacto que genera en la comunidad de la que forma parte. NO ES la responsabilidad social de la marca; el PROPÓSITO va más allá.

Los consumidores efectivamente están convencidos de que las marcas son una fuerza **más poderosa que los gobiernos para cambiar y mejorar la sociedad.** Esto incorpora un compromiso adicional para las marcas y las impulsa a la definición de un PROPÓSITO.

Keith Weed es el ex CMO global de Unilever. En una de sus conferencias, Weed afirmó que las marcas deben volverse agentes de cambio. Ya en el 2015, la compañía reportaba que sus marcas con propósito incluidas en el plan de sostenibilidad habían crecido un 30% más rápido que el resto de la empresa.

Plan de sostenibilidad de Unilever: Resumen de los progresos de 2015

Según Fernando Ruiz, presidente de Deloitte España, el propósito de las empresas debe ser compatible con los Objetivos de Desarrollo Sostenible (ODS) y tiene que guiar la forma en la que la estrategia empresarial se define y se ejecuta.

Pareciera ser una desafío solo posible para las grandes marcas. Pero estamos convencidos de que puede (y debe) ser una filosofía presente en cada emprendimiento que tenga Clientes, colaboradores y proveedores y se proponga conectar una propuesta de valor con el mercado.

¿Cuál es el propósito de su empresa o de sus marcas?

2.5.2 Núcleo de Diferenciación

El segundo núcleo del modelo tiene como desafío central identificar los elementos que permitan construir una propuesta con capacidad de diferenciación de cara al mercado. Se apoya sobre las nociones clásicas de Ventaja Competitiva y de Competencias Centrales.

Según Hamel y Prahalad, la meta del estratega no es encontrar un nicho dentro del espacio existente en la industria, sino crear un nuevo espacio que se adapte únicamente a las fortalezas particulares de la empresa; esto es, un espacio que está fuera del mapa. Esta noción supone la definición de una ventaja competitiva y la correcta identificación de las fortalezas o competencias centrales.

La Ventaja Competitiva

La ventaja competitiva es el **atributo que debería permitirle a la empresa lograr un posición superior a la de sus competidores, y que se convierte en un factor determinante** para que los Cliente$ elijan esta opción en relación al resto.

Existen varios **enfoques para abordar y definir el concepto de "ventajas competitivas"**. El enfoque tradicional se basa en los **fundamentos pioneros de Michael Porter** (Porter, 1980) que sostiene que el origen de la ventaja se encuentra en las cinco fuerzas competitivas; es decir, en el ámbito exterior de la organización, el cual es el producto de la relación entre las características y estructura del mercado y los resultados empresariales.

Los enfoques que ampliaron el **análisis de la competitividad de la empresa** destacan la importancia de la heterogeneidad de los recursos y capacidades que posee una organización y su explotación a través de una estrategia. En esta línea se encuadran las **teorías de los recursos y capacidades de Grant (1991), Hamel y**

Prahaled (1990), quienes consideran que el análisis de la competencia de una empresa puede partir de las capacidades que puede poseer o desarrollarse en el interior de la organización.

Este enfoque trata a **la empresa como un conjunto de recursos y capacidades** que, en la medida en que suponen una ventaja para la misma, son considerados como las **fortalezas que han de ser apoyadas y que deberían guiar la elección de la estrategia.**

Ambos enfoques son significativos ya que permiten a la empresa encontrar ventajas competitivas, porque al observar cada una de ellas, obtendrá una perspectiva global de las oportunidades que se pueden presentar del conjunto de la empresa.

¿Cuáles pueden ser fuentes de ventaja competitivas?

- Alcanzar economías de escala
- Alianzas
- Capital humano
- Excelencia del producto o servicio
- Efecto experiencia
- Eficiencia operativa
- Equipo directivo
- Imagen de marca
- Recursos financieros
- Bases de datos relacionales de los Cliente$

Tanto para Porter como para Hamel, **el resultado final es la diferenciación dentro del mercado**, pero si bien para el primero es crítico mirar siempre a ese mercado, para el segundo esa ventaja competitiva parte o puede partir desde la propia organización interna.

El elemento que separa estas dos posturas está vinculado con la tipificación del sector: mientras que **Porter apoya su análisis en la definición formal del sector, Hamel señala que las fronteras entre sectores puntuales son cada vez más difusas y se están borrando. Todos pueden competir contra todos. La competencia ya no es entre sectores sino entre soluciones que pueden venir de diferentes industrias.**

Hoy, predomina la noción de que las ventajas competitivas son muy difíciles de construir y sobre todo de sostener en el tiempo. La verdadera ventaja está en la capacidad de aprender y evolucionar junto con el entorno.

Las Core Competences

El término "core competences" (CC) **fue propuesto en la primera etapa de la década de los noventa por Prahalad y Hamel.** Este enfoque postula que las organizaciones que lograron sobrevivir a la primera ola de competencia global estaban convergiendo en estándares similares de calidad y costo con la consecuente pérdida de diferenciación. Por lo que en el largo plazo el desempeño superior derivaría de la habilidad de la dirección para consolidar tecnologías y habilidades de producción en competencias que hicieran más poderosa a cada empresa y la ayudaran a adaptarse rápidamente a las oportunidades cambiantes del ambiente.

Desde esta concepción, las CC se definen como:

"Cualidades intrínsecas del grupo empresarial que lo impulsan al éxito económico; estas cualidades se expresan a través del aprendizaje colectivo en la organización, específicamente cómo coordinar diversas habilidades de producción e integrar múltiples corrientes de tecnología en las empresas del grupo y en los productos finales".

Uno de los ejemplos más famosos para graficar esta definición es el "papel engomado sticky tape de 3M". La empresa desarrolló una CC en recubrimientos y adhesivos que le permitieron crear negocios de película fotográfica, cinta magnética, cinta sensitiva a la presión y abrasivos recubiertos.

Por otro lado, Leonard-Barton realizó una propuesta teórica que aplicó en el estudio de cinco empresas, donde estudió veinte casos buscando la relación entre el desarrollo de proyectos que crean nuevos productos y procesos en la empresa y sus capacidades centrales.

Leonard define a las CC como un "sistema de conocimiento interdependiente que provee una ventaja competitiva y que posee cuatro dimensiones:

1. conocimiento y habilidades de los empleados;
2. sistemas técnicos, que consisten en acumular, codificar y estructurar conocimiento tácito;
3. sistemas de dirección, que incluye caminos formales e informales de crear y controlar el conocimiento como son los sabáticos, programas de aprendizaje, redes de socios y sistemas de incentivos; y
4. normas y valores asociados con varios tipos de conocimiento y con el proceso de creación y control de conocimiento".

2.5.3 Núcleo de Marketing

Estrategias de Crecimiento

Igor Ansoff nació en Rusia en 1918. Fue un matemático y economista, conocido como el padre de la administración estratégica.

En la Universidad de Brown, estudió ingeniería y se doctoró en matemáticas. Se especializó en planificación estratégica dentro de la Lockeed Aircraft Corporation, empresa en la que ingresó en 1957 dentro del departamento de planeamiento corporativo.

Ese año presentó en su artículo "Strategies for diversification" en Harvard Business Review, la matriz de Ansoff, también conocida como Matriz Producto/Mercado o Vector de Crecimiento.

La versión original publicada tenía este formato:

EXHIBIT I. PRODUCT-MARKET STRATEGIES FOR BUSINESS GROWTH ALTERNATIVES

Fuente: Resucitando a Igor Ansoff. www.mejoracompetitiva.es

Con el tiempo la estructura se fue simplificando hasta llegar a la versión que hoy se encuentra en casi todas las publicaciones que hacen referencia a la herramienta:

Fuente: Igor Ansoff

PRODUCTOS		
	ACTUALES	NUEVOS
MERCADOS ACTUALES	PENETRACIÓN DE MERCADO	DESARROLLO DE PROUCTOS
MERCADOS NUEVOS	DESARROLLO DE MERCADO	DIVERSIFICACIÓN

Estrategias por cuadrante

PRODUCTOS		
	ACTUALES	NUEVOS
MERCADOS ACTUALES	• Incrementando la frecuencia de uso del producto • Incrementando la cantidad utilizada del producto • Identificar nuevas aplicaciones entre los usuarios • Incremento de las actividad promocional • Revisión de la política de precios • Programa de Incentivos y fidelización: canal y cliente	• Nuevas características o atributos línea actual • Aumentar la profundidad de línea • Extensión de la línea actual
MERCADOS NUEVOS	• Nuevos segmentos geográficos en el país • Desarrollo de mercados externos • Captación de nuevos segmentos demográficos	• Nuevos Negocios

El Binomio SePo

El binomio SePo conecta la estrategia de segmentación de la empresa, alineada a los objetivos de marketing y las estrategias de crecimiento definidas, con la estrategia de posicionamiento:

97

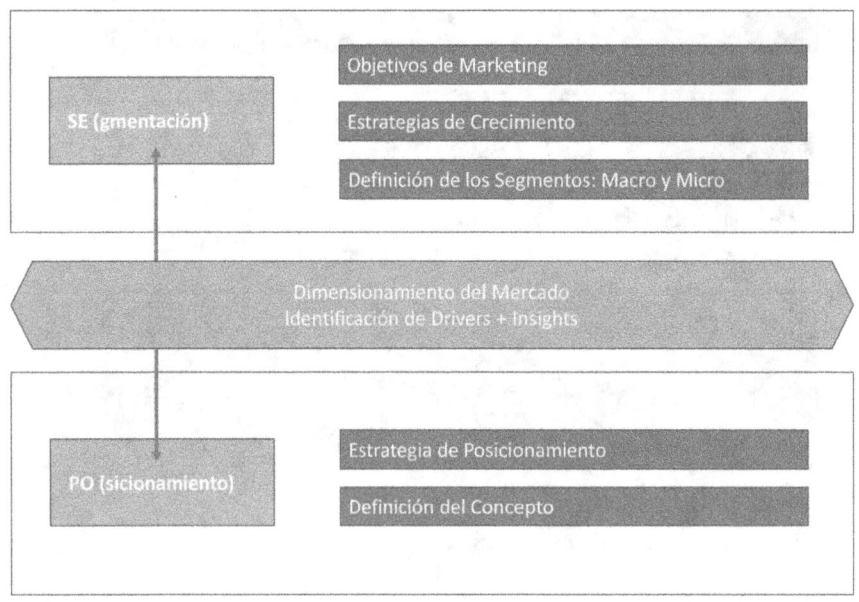

Fuente: Gaspar Gracia Daponte

Segmentación del Mercado

La segmentación divide un mercado general en grupos más pequeños de compradores que tienen diferentes necesidades, características y comportamientos que requieren estrategias o mezclas de marketing diferenciadas.

Como su propio nombre indica, se trata de identificar segmentos o grupos uniformes de demandantes que tienen una serie de expectativas similares para el producto que desean comprar y que es al mismo tiempo diferente al conjunto de expectativas que tiene otro segmento para el mismo producto.

Esta herramienta sirve para determinar los rasgos básicos y generales que tendrá el consumidor del producto, teniendo en cuenta que el mismo no va dirigido para todo público, sino para el público objetivo identificado como target.

Los patrones de macro segmentación propuestos por Abell nos dan una idea general de cuál será el modelo de selección de los macro segmentos a los que podremos dirigir nuestra propuesta, a partir de una matriz que incluye las variables producto y mercado y arrojan como resultado final cinco grandes enfoques:

CONCENTRACIÓN			ESPECIALIZACIÓN SELECTIVA			ESPECIALIZACIÓN DE MERCADO			ESPECIALIZACIÓN DE PRODUCTO			MERCADO TOTAL		
M1	M2	M3	M1	M2	M3	M1	M2	M3	M1	M2	M3	M1	M2	M3

P = PRODUCTOS
M = MERCADOS

Las estrategias de segmentación clásicas:

- Geográfica: Se divide por países, regiones, ciudades, o barrios.
- Demográfica: Se dividen por edad, etapa del ciclo de vida y por su género.
- Socioeconómicos: Se divide por el nivel de ingresos, el estilo de vida, etc.
- Económicos: Se divide por el tipo de renta del cliente.
- Psicográfica: Se divide según la clase social, el estilo de la vida, la personalidad y las preferencias.

Cuando muchas variables se combinan para proporcionar un conocimiento profundo del segmento, se le conoce como segmentación avanzada. Cuando se da suficiente información para crear una imagen clara del miembro típico del segmento, se llama perfil del comprador o "consumer portrait" (retrato del consumidor).

En los últimos 60 años se han producido importantes avances en las propuestas y metodologías para profesionalizar las estrategias de segmentación.

La segmentación no demográfica de Yankelovich

Hace más de 50 años, Daniel Yankelovich introdujo en las páginas de *Harvard Business Review* (HBR) el concepto de segmentación no demográfica, que refiere a la clasificación de los consumidores tomando variables diferentes a las clásicas como edad, género, ingreso o lugar de residencia.

La tesis planteaba que los estudios de mercado basados en criterios demográficos no eran ya suficientes para interpretar las necesidades de los consumidores y diseñar los satisfactores adecuados. El consumidor se había convertido en un individuo más complejo, más sofisticado, por lo que sus patrones de compra eran entonces más predictivos respecto a su comportamiento futuro que sus características demográficas de base.

En la publicación original de 1964 Yankelovich decía:

"Las variables demográficas tales como edad, sexo, nivel académico e ingreso ya no decían suficiente como para servir de fundamento a la estrategia de mercadotecnia. Era más probable que las variables no demográficas tales como valores, gustos y preferencias influyeran en el comportamiento de los compradores que las variables demográficas. La estrategia de mercadotecnia dependía de la identificación de segmentos que fueran potencialmente receptivos a una marca y una categoría de producto en particular".

El modelo VALS de Stanford

El concepto "estilo de vida" fue usado por primera vez en Austria por el psicólogo Alfred Adler en 1929. En 1961 se amplió para analizar actitudes, intereses, valores y sentimientos de las personas y la afinidad que generan con otras personas, para formar grupos con formas de vida similares.

En 1978 Arnold Mitchell y un equipo de colegas del Instituto de Investigación Stanford lanzaron el programa Valores y Estilos de Vida (VALS, por sus siglas en inglés: Values and Life Styles), que clasifica a los individuos de acuerdo a nueve tipos de comportamiento duradero. Según esta teoría, el comportamiento de un cliente puede ser explicado por su correspondencia a uno de estos tipos.

El sistema VALS 1 surgió por la necesidad de explicar los cambios que presentó la sociedad norteamericana en los años 60. Esta clasificación se basa en el concepto de que las personas a lo largo de sus vidas pasan a través de diferentes etapas, y cada etapa afecta sus actitudes, conducta y necesidades psicológicas.

El sistema define tres tipologías básicas de consumo:

1. **Los consumidores orientados por principios:** compran tomando en cuenta "cómo debe ser" el mundo.

2. **Los consumidores orientados por el estatus:** basan sus compras en las opiniones y actitudes de otras personas.

3. **Los consumidores orientados a la acción:** basan sus decisiones de compra en la actividad, variedad y riesgo.

Cada uno de estos grupos adquiere otras dimensiones cuando se cruzan con las variables como ingreso, salud, educación y autoconfianza.

VALS 2.0

En 1998 se generó una nueva versión del VALSE denominada VALS2, que pone el foco en la importancia de los factores psicográficos, mientras que el anterior ponía en primer lugar el estilo de vida por las actividades e intereses de las personas.

Los 8 segmentos que se crean a través de VALS son:

1. Innovadores
2. Pensadores
3. Creyentes
4. Triunfadores
5. Esforzados
6. Vividores de experiencias
7. Realizados
8. Supervivientes

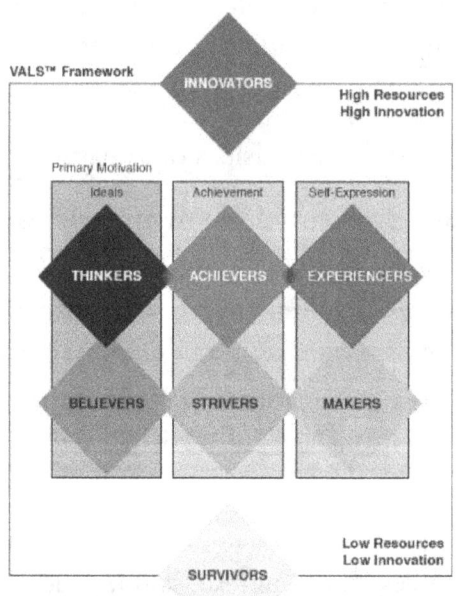

Este modelo de segmentación se apoyó en los marcos teóricos desarrollados por el sociólogo David Riesman y el psicólogo Abraham Maslow.

Riesman publicó en 1950 una de sus obras centrales llamada *La Audiencia Solitaria*. En el libro el autor identifica tres tipos de personalidades en función de la dinámica poblacional en la que se encuentran:

1. **Carácter Dirigido por la tradición:** propio de sociedades de alto potencial de crecimiento demográfico.
2. **Carácter Autodirigido**: inherente a sociedades en equilibrio poblacional.
3. **Carácter Dirigido por otros**: asimilándolo a sociedades de evolución demográfica declinante.

Teniendo en cuenta estas tipologías, el autor señala que la sociedad fomenta las personas "dirigidas por otros", sobre todo en las áreas suburbanas donde los individuos buscan la aprobación e inclusión comunitaria. Es decir, que abandonan la idea de ser "autodirigidos".

Por su lado, Abraham Maslow fue un psicólogo estadounidense conocido como uno de los fundadores de la psicología humanista. Esta corriente propone la existencia de una tendencia humana hacia la salud mental que se manifiesta como una serie de procesos de búsqueda hacia la autorrealización. El autor desarrolló en 1943 la teoría psicológica sobre la motivación humana denominada "La Pirámide de Maslow", que formula una jerarquía de necesidades humanas.

Conforme se satisfacen las necesidades más básicas que se ubican en la parte inferior de la pirámide, los seres humanos desarrollan necesidades y deseos más elevados, los cuales están en la parte superior de la pirámide.

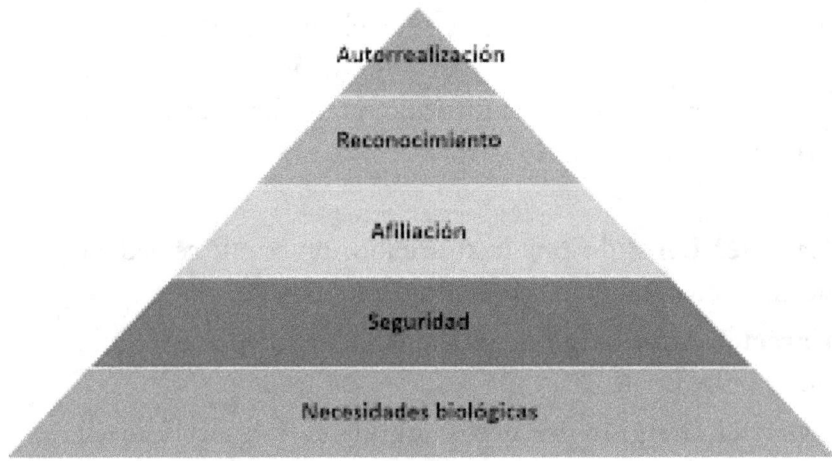

Segmentación según categoría de compra

Jankelevich y Meer plantean también una división de las estrategias de segmentación posibles, en función del tipo de producto al que se enfrenta el consumidor. En este sentido divide en dos categorías centrales: Si el producto es meramente funcional es recomendable trabajar la investigación y la estrategia de segmentación posterior a partir de la variedad de factores como la sensibilidad al precio y la lealtad a la marca. En cambio, si el producto enfrenta al consumidor a una elección que impacte en su vida desde alguna dimensión, será necesario profundizar el estudio de mercado con el foco puesto en las creencias y convicciones de los consumidores.

El cuadro siguiente resume los tres tipos de decisiones descriptas por los autores:

	Asuntos a los que el negocio desea dirigirse	Preocupaciones de los clientes	Qué segmentación debe intentar de encontrar
Decisiones superficiales	Si debe hacer pequeñas modificaciones a productos existentes. Cómo elegir objetivos de una campaña de medios. Si debe cambiar el precio.	Qué tan relevante y creíble son las demandas de un nuevo producto. Cómo evaluar un nuevo producto. Si deben cambiar de producto.	Comportamiento de compra y uso. Voluntad a pagar un poco más por mayor calidad. Grado de lealtad a la marca.
Decisiones medias	Cómo posicionar la marca. Qué segmentos perseguir. Si cambiar el producto fundamentalmente. Si desarrollar un producto completamente nuevo.	Si visitar una clínica acerca de una condición médica. Si debe cambiar su marca de carro. Si debe reemplazar un sistema de software de empresa.	Si los consumidores estudiados son del tipo hágalo usted mismo o de los que contratan a alguien. Las necesidades de los consumidores (mejores servicios, conveniencia, funcionalidad). Su estatus social, auto imagen y estilo de vida.
Decisiones profundas	Si debe revisar el modelo de negocios en respuesta a fuerzas sociales poderosas que cambian el cómo la gente vive su vida.	Elegir un curso de tratamiento médico. Decidir dónde vivir.	Valores y creencias centrales relacionadas con su decisión de compra.

Tabla 1. ¿Qué está en juego? Yankelovich y Meer (2006) *What Is at Stake?* En *Re Discovering Marketing Segmentation*. Harvard Business Review. Febrero de 2006.

La Segmentación Dinámica

En mayo de 2006, Yankelevich y David Meer publicaron el artículo "Redescubriendo la segmentación de mercados" en Harvard Business Review, donde hacen una revisión sobre los avances y resultados obtenidos por la segmentación no demográfica y proponen algunas conclusiones finales.

La idea central se apoya en que la segmentación debe ser un ejercicio DINÁMICO, integrado a la estrategia de negocios y con el objetivo de buscar respuestas en el mercado. Esa condición opera en dos sentidos:

1. **FOCO EN NECESIDADES y COMPORTAMIENTOS**: las estrategias de segmentación deben concentrarse en las necesidades, actitudes y comportamientos de los clientes que pueden cambiar en diferentes momentos, más que en sus rasgos de personalidad que suelen ser estables durante plazos más largos.

2. **FOCO EN EL CONTEXTO**: las estrategias de segmentación deben ser dinámicas porque son redefinidas por las condiciones del mercado tales como las fluctuaciones económicas, los mercados emergentes, y las nuevas tecnologías.

SER y ESTAR

Es importante tener en cuenta que nuestros consumidores NO SON DE UNA MANERA DETERMINADA hoy y para siempre, sino que ESTÁN EN UNA CONDICIÓN que determina sus comportamientos y que puede cambiar en el tiempo.

Posicionamiento

El término posicionamiento fue acuñado en 1969 por Jack Trout, quien escribió: "posicionamiento es el juego que utiliza la gente en el actual mercado de imitación". En 1982, con su socio Al Ries, presentó su libro *Posicionamiento: La batalla por su mente*, que ha sido traducido a 19 idiomas y que se ha transformado en un referente fundamental de la estrategia competitiva.

En palabras de los autores: **"el posicionamiento no es lo que se le hace a un producto, es lo que se hace en la mente del cliente".**

Kotler y Armstrong (2007) afirman que en marketing se llama posicionamiento de marca al lugar que ocupa la marca en la mente de los consumidores respecto el resto de sus competidores. El posicionamiento otorga a la empresa una imagen propia en la mente del consumidor, que le hará diferenciarse del resto de su competencia.

Esta imagen propia se construye mediante la comunicación activa de unos atributos, beneficios o valores distintivos, a nuestro público, o segmento objetivo, previamente seleccionados en base a la estrategia empresarial.

El posicionamiento es el lugar que ocupa el producto en la mente del consumidor, además es un indicador de la percepción del cliente sobre el producto y mezcla de marketing en comparación con los demás productos existentes en el mercado.

Los tres tipos de "enfoques de posicionamiento" propuestos por Kotler son:

- **Posicionamiento indiferenciado:** no está orientado a ninguna configuración producto-mercado específica, sino que se plantea como objetivo captar la mayor cantidad de consumidores posibles con una única propuesta de valor.

- **Posicionamiento concentrado:** es una estrategia de posicionamiento de nicho. Pone el foco en un segmento concreto del mercado y especializa su propuesta de valor para captarlo.

- **Posicionamiento diferenciado:** enfocado en alguna de las configuraciones de producto-mercado. Se identifican los segmentos más atractivos teniendo en cuenta la ventaja competitiva de la marca y sus competencias centrales y se desarrollan propuestas de valor adaptadas a cada uno de los segmentos.

Estrategias genéricas de posicionamiento

1. **Según sus características:** nos basaremos en las propias características técnicas que posea el producto para resaltarlo frente a sus competidores.

2. **En base a sus beneficios:** uno de los aspectos clave en este tipo de posicionamiento es resaltar el beneficio que te ofrece el producto que intentamos vender. Es la necesidad que el consumidor intenta cubrir, pero también puede tener otros beneficios complementarios que ayudaran a la fidelización del consumidor referido al producto.

3. **En función de la competencia:** podemos resaltar nuestro producto en base a la comparación con otras marcas líderes. Los consumidores tienden a comparar antes de comprar el producto deseado. Para ello existen dos vertientes de este tipo de posicionamiento: **Líder, Seguidor o segunda marca.**

4. **En base a la calidad o precio:** es una estrategia de posicionamiento que se basa principalmente en la calidad del producto o en función de su precio.

5. **Basado en su uso:** se tiene en cuenta el uso del producto, es decir, cómo lo utiliza, cuándo lo utiliza, dónde lo utiliza y para qué lo utiliza.

6. **Basada en el consumidor:** es el posicionamiento realizado por los propios consumidores, donde cuentan su experiencia con el producto.

7. **Según su estilo de vida:** este posicionamiento se centra en el estilo de vida del consumidor.

Binomios SePo en acción

1. La Guerra de los Blancos

Ala es una de las marcas estrella de Unilever, uno de los gigantes de consumo masivo. De acuerdo con información provista por la compañía en su sitio web, Ala nació en Argentina en el año 1962 y su posición de liderazgo se apoyó desde el inicio en la percepción de un producto de buena ecuación precio-calidad, **y la entrega de una blancura superior.**

Blanco, blanco-blanco y blanco Ala

Durante buena parte de los años 90, Ala participó de una agresiva batalla de posicionamiento con sus principales competidores. La propuesta de valor se apoyaba exclusivamente sobre un atributo funcional del producto: BLANCURA. LA CAPACIDAD DE DEJAR LA ROPA BLANCA.

La estrategia de comunicación incluyó un celebrity que viajaba por diferentes ciudades del país con el "desafío de la blancura". En la vereda de enfrente, otro de los competidores doblaba la apuesta. Sumó otro famoso con perfil similar que visitaba a las amas de casa en sus hogares para probar el producto y registrar su experiencia. También con el foco puesto en la BLANCURA.

El blanco seguía al centro de la escena. Blanco cada vez más blanco. Inclusive la marca construyó su propio blanco: Blanco Ala. Esa estrategia de posicionamiento estaba apoyada en un solo atributo y con el foco puesto en el producto (lo que el jabón tiene capacidad de hacer) en vez de enfocarse en el cliente (quién es, qué desea, cuáles son sus motivaciones más profundas).

En la estrategia de comunicación no se identificaba una orientación clara hacia algún segmento de la demanda. Era una propuesta general: un jabón que deja la ropa blanca y que es atractivo para "las mujeres que lavan la ropa".

De la blancura al "ensuciarse hace bien"

Luego de un tiempo, Ala decidió dar un giro en su enfoque estratégico y construyó un binomio SePo muy poderoso. Comenzó a involucrarse con el desarrollo infantil, estudiando los beneficios sociales, físicos y emocionales que brinda el juego al aire libre y el aprendizaje experiencial en relación al crecimiento y desarrollo de los chicos.

Puso en el centro AL CLIENTE. Al decisor de compra. Allí apareció un concepto brillante: "Ensuciarse hace Bien". Según la marca **"reivindica a la suciedad como una compañera de experiencias en el desarrollo y aprendizaje de los chicos** mientras exploran y descubren el mundo".

De repente la blancura pasó a un segundo plano. La marca empezó a construir un diálogo de valor con un segmento más específico. Ya no era un producto para "todas las mujeres". La marca definió hablar a las mujeres, amas de casa, con hijos chicos en el hogar.

Un mensaje relevante y empático dirigido a un segmento que seguramente está más preocupado por el futuro de sus hijos que por la blancura de su jabón para la ropa. Una marca con un propósito superior que se traduce en el manifiesto publicado en su sitio web:

Manifiesto ALA:
¿En Qué Creemos?

- Todo chico tiene derecho a ser chico.
- Todo chico tiene derecho a jugar.

- Todo chico tiene derecho a explorar.
- Todo chico tiene derecho a usar su imaginación.
- Todo chico tiene derecho a expresarse.
- Todo chico tiene derecho a integrarse.
- Todo chico tiene derecho a descubrir su propio mundo.
- Todo chico tiene derecho a ser espontáneo.
- Todo chico tiene derecho a experimentar la vida por sí mismo.

Fuente: Sitio web de la compañía.
https://www.unilever.com.ar/brands/our-brands/argentina/ala.html

2. Parodontax

El mercado de pasta de dientes es uno de los más competitivos dentro de la categoría de higiene personal. Aunque los oferentes son muy pocos, como en la mayoría de las categorías en la Argentina. Con una gran variedad de marcas y opciones de productos el desafío de posicionarse dentro de la góndola es muy complejo.

Además, en América Latina es una categoría que está perdiendo peso. En 2015 Brasil consumía 1 kilo de pasta por habitante. Hoy, luego de las crisis económicas no alcanza los 500 gramos.

Argentina, con 231 gramos de consumo per cápita, se ubica octavo en el ranking de la región, apenas por encima de Perú (222) y Guatemala (179). Los niveles más altos de consumo se dan en Costa Rica (466), Brasil (456), Chile (392), Uruguay (361), México (342), Colombia (340) y Paraguay (262).

Un segmento atractivo y una eficiente estrategia de posicionamiento

Cuando trabajamos en seminarios y talleres de marketing, proponemos a los equipos el siguiente ejercicio: vamos a lanzar una nueva pasta de dientes al mercado. Definamos juntos cuáles podrían ser los atributos que ofrecerá el nuevo producto y a qué segmentos vamos a dirigir esta propuesta. En general suelen aparecer inicialmente sugerencias en torno a: blancura, frescura, protección de caries, sensibilidad dental. Atributos ya cubiertos o dominados por otras marcas.

Parodontax es una pasta dental de uso diario que ayuda a prevenir el sangrado de encías. Está especialmente formulada para remover la placa y prevenir las caries.

Su introducción al mercado fue muy exitosa.

La marca encontró un binomio SePo atractivo y eficiente: el segmento de Cliente$ que tienen problemas de sangrado de encías y que identifican este problema cuando se cepillan los dientes. Hasta el momento no había ninguna propuesta de valor en el mercado orientada a ese segmento.

¿Sangras cuando te cepillas los dientes?

Prueba Parodontax®, te ayudará a detener el sangrado

Con un posicionamiento apoyado en un atributo funcional y un mensaje claro, rápidamente creó y lideró esta nueva categoría.

3. Las chicas de la tres

Así se llama el puesto de comidas del Mercado Central de Buenos Aires, favorito de chefs nacionales e internacionales. El caso ha sido tan relevante que este año llegó a la pantalla de la mano de Netflix. Son protagonistas del primer capítulo de la nueve serie "Street Foods Latam" que retrata lugares icónicos de América Latina en donde se sirve comida callejera típica.

Diferenciación y poderoso binomio SePO

Luego de dirigir el negocio familiar durante varios años, se dio cuenta de que estaba en un camino de irrelevancia. Era un puesto más, de los tantos que hay, sin nada diferente para ofrecer y condenado a sobrevivir cobrando el precio más bajo por productos de media calidad.

En palabras de Pato, alma mater de la reinvención del proyecto, "teniendo oro, estaba haciendo arena". Con los puestos de frutas y verduras del Mercado Central al alcance de la mano sentía a que su comida era básica y que no capitalizaba esta gran fortaleza.

De esta manera se propuso REINVENTARSE y construir una propuesta DIFERENTE y MEMORABLE. Redefinió los clásicos que hizo con su padre, con su impronta. Fue fiel a su identidad pero se animó a innovar apoyándose en su ventaja competitiva y capitalizando sus competencias centrales.

El resultado: la tortilla de papas más famosa de Buenos Aires, halagada por los mejores chefs de la ciudad que visitan el Mercado para comprar sus insumos y turistas de todo el mundo que llegan a través de recomendaciones y comentarios en medios especializados y en las redes sociales.

Foto: @laschicasdela3. *Clarín* 22/07/20

Un estudio contable entre 27

En la **Argentina** hay cerca de 140.000 **contadores** públicos matriculados. Solo en Capital Federal hay aproximadamente 70.000 según el Consejo Profesional de Ciencias Económicas, y en la ciudad de Córdoba sumarían 15.000 profesionales.

La oferta de servicios disponible para el mercado en esta categoría por consiguiente es muy variada y los Cliente$ de todos los segmentos tienen una enorme variedad de propuestas para elegir.

¿Cómo diferenciarse en este contexto?
Construyendo un binomio SePo efectivo y poderoso.

Cuando Silvina y Juan Pablo, ambos contadores públicos, decidieron montar su estudio profesional, tenían claro el desafío de construir una propuesta diferenciadora que les permitiera ocupar una posición en el mercado.

Además de su formación profesional, habían acumulado una gran experiencia en el sector de agencias de viaje manejando la gestión administrativa y contable. Es un rubro que tiene sus complejidades por las características de los servicios que comercializa. Entre otros aspectos, la estrategia impositiva es un factor clave para alcanzar los objetivos:

- Los servicios vendidos en el exterior no son computables a nivel impositivo.
- Los transportes en el exterior están EXENTOS.
- Los vuelos de cabotaje tributan un 10,5%.
- Mientras que los servicios terrestres tributan un 21%.

Manejando la gestión administrativa de una empresa líder del interior del país con varias sucursales y franquicias, identificaron que muchos operadores con poca estructura tenían mal organizada su estrategia impositiva y tributaban en exceso, con la consiguiente pérdida de rentabilidad.

Cuando abrieron su estudio contable para prestar servicios a terceros, decidieron enfocar su propuesta de valor a este vertical: así nació CONESTUR: Contadores Especialistas en Turismo. En Argentina hay unas 5300 Agencias de Viaje y Turismo registradas. Teniendo en cuenta los 140.000 contadores, podríamos decir que cada operador turístico tiene 27 opciones para elegir su asesor contable.

Con un binomio SePo bien construido y apoyados en sus competencias centrales, CONESTUR logró una rápida y exitosa introducción en el  mercado, convirtiéndose en poco tiempo en uno de los referentes dentro del segmento.

Una versión muy, muy simplificada de Estrategia de Diferenciación Competitiva, en el sector retail fundamentalmente, fue mencionada y muy utilizada en Consultoría y Docencia Universitaria por nuestro coautor Mario Ascher y está mencionada en el libro *Marketing y Clientes*, 4ta edición, Gárgola Ediciones, 2012.

Queremos aclarar que muchas veces se elige una combinación de dos o más de estas Estrategias:

- Precios Más Bajos
- Mayor Surtido
- Mejores Servicios
- Instalaciones WOW
- Entretenimiento
- Anti Frustración
- Responsabilidad Social Empresaria y Medio Ambiental
- Fidelización, CRM y Relacionamiento

Y hoy no puede dejar de lado el desafío de la Experiencia del Cliente Tema sobre el que ampliaremos en los próximos capítulos.

2.6. La Mezcla de Marketing
Las 4P: Origen y evolución en los últimos 50 años

Se denomina mezcla de mercadotecnia o marketing mix a las variables de las que dispone el responsable de marketing para cumplir los objetivos de la compañía.

El concepto fue desarrollado **en 1950** por Neil Borden, que hizo un listado de 12 elementos con las tareas comunes del responsable de marketing.

116

Borden, un Licenciado en Economía por la Universidad de Colorado y Profesor de marketing y publicidad de la Harvard Business School, había publicado una obra fundamental en 1942: *The Economic Effects of Advertising* (1942). En 1950 definía el marketing como una "mezcla de doce ingredientes" que la empresa podía combinar, en mayor o menor cantidad, para presentar una opción atractiva que influyese en la decisión de compra de sus clientes:

- Precio
- Marca
- Canales de distribución
- Personal de Ventas
- Publicidad
- Promoción
- Packaging
- Exhibición (PLV)
- Servicio
- Distribución
- Investigación

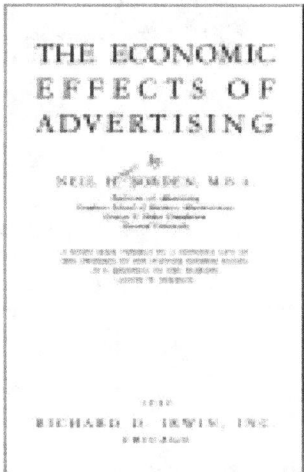

Esa lista original fue simplificada a las cuatro variables clásicas por Jerome McCarthy en 1960: Producto, Precio, Plaza y Promoción. El concepto y la simplicidad lograron rápidamente aceptación y se instaló como la matriz definitiva.

En 1984 el AMA (Asociación Americana de Marketing) lo consagró en su definición de mercadotecnia: «Proceso de planificación y ejecución del concepto Precio, Promoción y distribución de ideas, bienes y servicios para crear intercambios que satisfagan los objetivos del individuo y la organización».

Las decisiones de producto, precio, distribución y promoción dependen fundamentalmente de la estrategia de marketing.

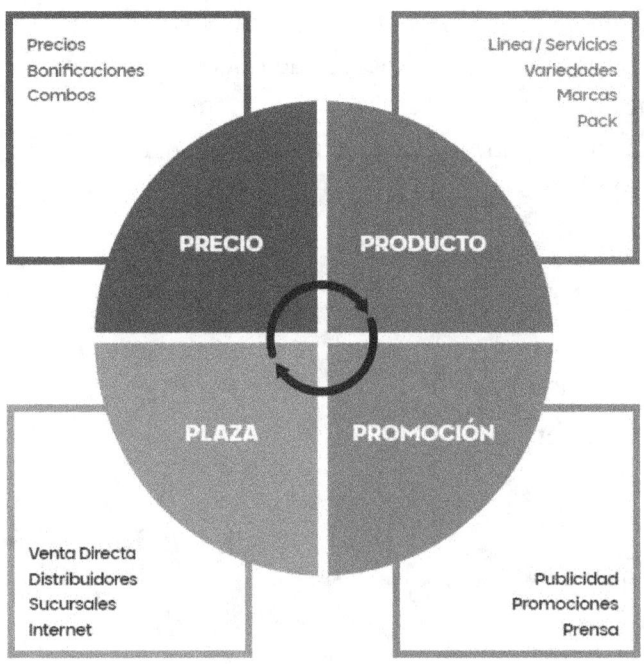

En los **años setenta** el modelo se actualizó y Booms & Bitner añadieron 3 nuevas Ps al grupo de las 4 P originales, en su libro ***Marketing Strategies and Organization Structures for Service Firms***:

- **Personas:** El equipo de colaboradores de la empresa es una parte esencial del proceso de venta, incluso si no están en la primera línea de contacto con los clientes.

- **Procesos:** Desarrollar procesos de venta claros en relación a la forma en que se entrega el producto o servicio.

- **Evidencia física** *(Physical evidence)*: Alude a la presencia de un elemento tangible en los procesos de Marketing, tanto si vendés un producto como un servicio. Siempre la influencia de lo que vendés es tangible.

En 1973 el Dr. Alberto Levy propuso un nuevo mix que denominó PLIP:

- Cambió la P por la L de Logística incluyendo en esta dimensión el armado del canal de distribución, la definición de los stocks y el flujo físico desde la cadena hacia el canal de distribución (transporte).
- Y la P de Promoción por la I de Impulsión: remarcando la idea de "impulsar el producto en vez de promoverlo". En esa época comenzaba el desarrollo de nuevos medios alternativos que se sumaban a la publicidad masiva y a la acción promocional.

Esta propuesta finalmente se convirtió en el modelo PLIV: cambiando la P de Precio por la V de Valor. Según Levy, el marketing del PLIV "sigue siendo de nivel táctico, pero el concepto de valor lo acerca más a un nivel estratégico".

En 1990 llegó la propuesta de Robert Lauterborn, profesor de publicidad de la Universidad de Carolina del Norte. Apoyado sobre el modelo original propuso una variación centrada en el consumidor que denominó "Las 4C del marketing".

1. **Producto x Consumidor:** Reemplaza la idea de un producto por un cliente que puesto al centro debe ser el punto de partida para el diseño de los productos y servicios que se orientarán a satisfacer sus necesidades.
2. **Precio x Costo:** Desde su concepción, lo que importa es el costo de satisfacción que tendrá el cliente, ya que los consu-

midores están dispuestos a pagar más si se percibe un valor añadido de satisfacción al producto.

3. **Plaza x Conveniencia:** La noción clásica de canales de distribución representada en la P de plaza (PLACE) se reemplaza por la idea de conveniencia, que hace foco en la necesidad de disponibilizar el producto en el lugar y el momento que el consumidor quiera.

4. **Promoción x Comunicación:** Bombardeo masivo, la respuesta es la comunicación orientada a comunicar un valor y no solo en buscar vender un producto.

El modelo SAVE también intenta proponer una visión centrada en el cliente y su ciclo de compra.

- **Solución:** Orientación no al producto sino a enfatizar cómo este soluciona los problemas del consumidor.

- **Acceso:** Gracias a Internet la compra se realiza desde diversos lugares y durante las 24 horas del día. Un buen acceso implica convertir la web de la marca en el epicentro de la comunicación y que aparezca bien posicionada en los buscadores (SEO y SEM).

- **Valor:** El precio pierde relevancia y casi se vuelve un tema obsceno en ciertos mercados. La preocupación por el precio cede su sitio a la preocupación por valor. El marketing debe ir enfocado a reforzar la percepción de valor del producto, destacar qué hace tu compañía diferente y qué ofrecés que sea realmente único. La meta es posicionarte en la mente del consumidor con una marca de fuerte personalidad, relevante y diferenciable.

- **Educación (contenido):** La promoción ahora está centrada en ofrecer información educativa que llame la atención de la audiencia. Esta «educación» se realiza con diversos productos y formatos por canales online y offline.

La nueva generación de las 4 P del marketing mix

La **segunda generación de las 4 P** enunciada por Rush Branding & Communication, en 2015, incluía:

Traditional Marketing 4P's		2nd-gen. 4P's of Marketing	
Product	Tangible or intangible consumable made for sale to the customer	Proposition	The asserted value of a tangible or intangible consumable based on understanding customer need
Price	The amount of money expected in exchange for a consumable based on the company's need for ROI	Promise	The pledge of a particular benefit or benefits a customer will experience
Promotion	The messaging and tactics designed to build awareness of and knowledge about a consumable	Preference	The customer's hierarchical perception of the proposition differentiator and delivery of promise
Place	The ideal locations to convert potential customers to actual customers	Positioning	The structured authentic perception of a consumable within the mind of the customer

La P de PLACE al centro de la escena
La logística como ventaja competitiva

En búsqueda de mejorar la competitividad comercial, las empresas pueden hacer foco en diferentes dimensiones de su propuesta de valor hacia el mercado. Sin duda en el contexto de post pandemia que estamos viviendo, unas de las variables clave de la mezcla comercial está en la logística: disponer hoy de procesos logísticos eficientes (y superiores a los que tiene la competencia) se convierte en un factor crítico con capacidad de generar diferenciación.

La "entrega inmediata", los servicios de entrega "exprés" se están convirtiendo en uno de los argumentos fuertes de la estrategia de marketing que permite en algunos casos, inclinar la decisión de compra del Cliente. (Lo quiero YA).

Luego de las medidas de aislamiento obligatorio y el cierre de los negocios por indicación de las autoridades sanitarias, las marcas debieron subirse rápidamente al mundo digital para conectar su producto con el mercado para reducir, al menos, el impacto negativo en los niveles de facturación.

En la misma dirección, la industria logística vio la necesidad de aumentar su capacidad de operaciones debido a un aumento excesivo en la demanda en los consumidores industriales, comerciales y finales.

El caso AMAZON

Según datos publicados por Amazon, la empresa registró en su segundo trimestre fiscal ventas totales por 88 mil 900 millones de dólares, lo que representó un **crecimiento del 40 por ciento interanual**. Sus ingresos netos ascendieron a 5 mil 200 millones, es decir, las ganancias por acción fueron de 10.30 dólares, un incremento del 100 por ciento.

Estas cifras se relacionan en gran medida con el empuje que ha tenido la división del comercio electrónico en el marco de la pandemia mundial. En parte el fenómeno responde a la exigencia de los usuarios **por recibir de manera casi inmediata sus compras**, y en esta dimensión su servicio "prime" lleva ventaja.

Por otro lado, la diversificación de su propuesta sumado a sus sistemas de entrega han llevado a Amazon a superar a diversos jugadores del retail con más de 2 mil 570 millones de visitantes en su sitio solo en julio, lo que es más de lo registrado por eBay Inc.,

Walmart, Etsy, Home Depot, Target y Best Buy juntos, según Marketplace Pulse.

El boom de MERCADO LIBRE y su esquema logístico

En mayo de 2020, mientras gran parte de los comercios en la Argentina y el mundo estaban cerrados, Mercado Libre rompió récord en la Bolsa de Nueva York: la compañía fundada por Marcos Galperín lograba superar los US$ 800 por acción superando los US$ 40 mil millones de valor de mercado.

- Un crecimiento del **70,5% interanual en su facturación**.
- Con **5 millones de nuevos compradores** en LatAm entre febrero y mayo.
- Capitalizó la demanda inicial de las categorías salud y equipamiento médico, que tuvieron **un crecimiento del 300% en ese período**.
- Y la impresionante cifra **de 1,4 millones de ENTREGAS DIARIAS** marcando un récord para su unidad MERCADO ENVÍOS.

Evolución del comportamiento del consumidor COVID-19 Mercado Libre

Fuente: Datos internos Mercado Libre

¿Qué ves en esta mancha?

Los que tenemos algunos años, recordaremos una (gran) publicidad que fue utilizada como plataforma para el lanzamiento del RE-

NAULT TWINGO en el que se destacaba la obsesión del protagonista por ese modelo de vehículo. En un simulado test de Rocher (técnica proyectiva que utiliza el psicoanálisis a partir de mostrar "manchas" al paciente para registrar qué es lo que ve en cada una), frente a la pregunta ¿qué ves ahora? Este personaje solo podía ver UN TWINGO.

Algo similar nos pasa cuando veo las variantes y propuestas evolutivas de la clásica mezcla de marketing: seguimos viendo las 4P. Al final del camino, siempre tendremos un producto para vender, con un precio para fijar, una estrategia de comunicación que implementar y un esquema de canales de distribución para llegar a los segmentos que hemos definido.

Cambian las tecnologías, evolucionan las necesidades y expectativas de nuestros cliente$, nacen nuevos canales y se incrementan los competidores. Pero la mancha siempre nos mostrará la mismo:

4p, alineadas a la arquitectura estratégica que hayamos definido con el objetivo de atraer y fidelizar Cliente$ que permitan cumplir nuestros objetivos y desarrollarnos en el largo plazo.

2.7. Implementación

La etapa de implementación del marketing plan debe incluir el diseño de un presupuesto y el cronograma de ejecución de programas y actividades, asociado a los indicadores que servirán para monitorear el cumplimiento de los objetivos.

El Tablero de Control

El físico y matemático inglés William Thompson Kelvin se destacó por sus importantes trabajos en el campo de la termodinámica y la electricidad, gracias a sus profundos conocimientos de análisis matemático. Es uno de los científicos que más contribuyó a modernizar la física y se hizo especialmente conocido por haber desarrollado la escala de temperatura Kelvin.

Una de sus frases célebres se ha convertido en una máxima central de la estrategia y la administración de empresas:

"Lo que no se define no se puede medir. Lo que no se mide, no se puede mejorar. Lo que no se mejora, se degrada siempre"

La definición de indicadores que permitan medir el cumplimiento de los objetivos trazados en el plan de marketing y sus resultados se ha vuelto un tema determinante. Identificar y seleccionar los KPI principales para la conformación de un tablero de control es una tarea prioritaria.

La sigla KPI proviene de las palabras en inglés: *"Key Performance Indicators"*. Esto significa que son los indicadores clave de desempeño necesarios para monitorear el avance de nuestro plan y el cumplimiento de los objetivos.

¿Qué indicadores o KPI pueden ser relevantes para nuestro tablero?

- **FACTURACIÓN / GENERAL Y POR UEN. POR LÍNEA DE PRODUCTOS**
- **RENTABILIDAD / MARGEN DE CONTRIBUCIÓN.**
- **DE POSICIONAMIENTO:** Top Of Mind / Recordación Asistida
- **DE PARTICIPACIÓN DE MERCADO: MARKET SHARE**
- **DE PENETRACIÓN DE CLIENTES: CUSTOMER SHARE**

- SATISFACCIÓN DE CLIENTES
- MEMORABILIDAD: Experiencia de Cliente
- FIDELIZACIÓN
- LEALTAD

El Punto de Equilibrio

Es un indicador muy importante para definir el "esfuerzo comercial necesario" para lograr que un proyecto sea rentable. Es el número mínimo de unidades de un producto que una empresa necesita vender para que el beneficio en ese momento sea cero. Es decir, es el punto en el que los COSTOS TOTALES se hacen iguales a los INGRESOS TOTALES, tal como se visualiza en este gráfico:

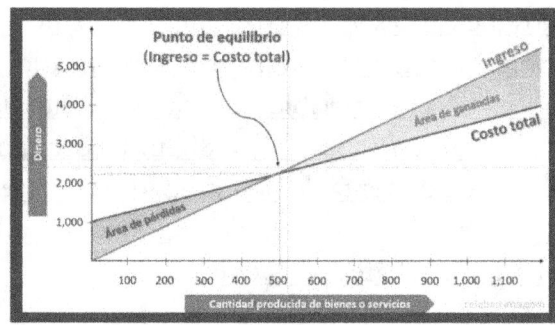

La fórmula es:

$$PE = \frac{CF + A}{P - CV}$$

Donde:

CF = Costos Fijos

A = Amortización de las inversiones específicas

P = Precio

CV = Costos Variables

En el denominador definamos la contribución promedio de nuestras ventas (diferencia entre el precio de venta neto y los costos de la mercadería y los otros costos variables atribuibles) y en el numerador los gastos fijos vinculados con la operación y la amortización de las inversiones específicas en el período considerado.

Por ejemplo: Si usted tiene un comercio con $265.000 de costos fijos mensuales y amortizaciones específicas mensuales, y vende productos con un precio promedio de $850 que tienen un costo variable de $550, su punto de equilibrio será: $265.000 / (850-550) = 883u. Es decir, que logrando un volumen de venta de 883 unidades el ingreso total permitiría cubrir los costos totales y a partir de allí entrar en el área de ganancias.

Si hasta aquí no ha podido identificar **CUÁLES SON
sus beneficios diferenciales y qué binomio SePo
es adecuado para su estrategia de crecimiento**
no debería seguir adelante.

CAPÍTULO 3

COMO FIDELIZAR
CLIENTE$

En este capítulo reflexionaremos juntos sobre cómo hacer para conseguir la PREFERENCIA de los consumidores, que convertiremos en Cliente$, por sus compras repetitivas y afiliación a nuestras Marcas en detrimento de la competencia.

El avance de la tecnología ha resultado un aliado impensable en la posibilidad de optimizar el posicionamiento dentro de los locales, tiendas comerciales y sitios de e-commerce, obteniendo analíticos en tiempo real, registrar, entender y analizar las compras de cada Cliente a través del machine learning y en atender a cada uno de acuerdo a sus necesidades específicas, llegando a ellos con los canales y medios de comunicación más adecuados, cada vez más digitales y menos masivos.

Estas nuevas plataformas digitales en la nube ayudan a optimizar el layout de las superficies comerciales y virtuales y las interacciones para aumentar las ventas físicas y digitales, y obtener información valiosa para negociar con proveedores y ofrecer una experiencia única a cada Cliente.

3.1. El Péndulo del Poder

Veamos un poco, solo un poco de historia.

En la Edad Media la <u>producción</u> era <u>artesanal</u>.

Pocos Fabricantes y pocos Consumidores.

Con el perfeccionamiento de la máquina de vapor, por James Watt en 1770, se comenzó la producción en gran escala en lo que se conoce como la <u>Revolución Industrial</u> facilitando el acceso al mercado de millones de consumidores.

Ninguna duda de que el Péndulo del Poder de Negociación estaba netamente del lado de los <u>Fabricantes</u>. Henry Ford en los comienzos de los 1900 declama: "me pueden comprar un Ford T de cualquier color, basta que sea negro".

En las postrimerías de los 1800 aparecen las Tiendas por Departamento en Europa –La Maison Du Bon Marché, Harrod's y Galerías Lafayette entre otras–, y en los años 1920 se desarrolla ampliamente la modalidad del autoservicio en los Estados Unidos y con ello el crecimiento de los "que atienden a los Cliente$", o sea de los <u>Comerciantes</u>.

El péndulo va en esa dirección: pasando de los Fabricantes a los Comerciantes.

¿Qué pasó en la Argentina en la década del '90?

Se produce una gran concentración del poder de compra. Los plazos de pago se van extendiendo de 30 a 60 a 120, a 180 días, etc. Y la mercadería no vendida es devuelta por los Comerciantes a los Fabricantes sin explicaciones y con la emisión unilateral de notas de débito. La venta de Molinos Río de la Plata y otras empresas industriales y comerciales del Grupo Bunge & Born, ¿no habrá tenido que ver también con este poder dominante de las cadenas comerciales?

En diciembre de 2001 "estalla la Convertibilidad" en la Argentina y para todo lo que tenía que ver con importaciones, los plazos de pago pasan a ser contado anticipado, y por extensión para los demás insumos también. Parecía que el péndulo iba a volver de los comerciantes a los fabricantes, pero en general no fue así.

Mientras tanto, nosotros los <u>consumidores</u> aprendimos a elegir entre las marcas y las distintas propuestas comerciales y también dónde efectuar nuestras compras: aparece así otra dimensión en el péndulo del poder de negociación.

Nuestro desafío diario, como profesionales del Marketing, es <u>convertir a los consumidores en nuestros Cliente$.</u>

Ellos, los <u>Cliente$</u>, tienen el poder de dejarnos en cualquier momento: por otra Marca más accesible en precio, más atractiva en beneficios, más ecológica o sustentable, etc. Es nuestra obligación fidelizarlos para VENDERLES MÁS y para que nos RECOMIENDEN.

3.2. ORGANIZACIÓN PARA CRECER EN CLIENTE$
¿EL CHIEF GROWTH OFFICER (CGO) REEMPLAZARÁ AL CHIEF MARKETING OFFICER (CMO)?

La tendencia más reciente fue el intento de reemplazo de uno por el otro.

Analizaremos las ventajas y desventajas de esta nueva función, indicaremos su evolución y lo invitamos a que <u>usted determine cómo deberá organizarse y qué priorizar.</u>

LA APARICIÓN Y DESAPARICIÓN DEL CGO
CHIEF GROWTH OFFICER

Con el requerimiento de abordar prioritariamente el Crecimiento, la Digitalización, y ofrecer deslumbrantes Experiencias a los Cliente$ (cX).

Los casos Coca-Cola y McDonald's, en USA

Por necesidades de crecimiento emergentes, pero también para impresionar a los integrantes de los Directorios y a los Accionistas, a partir de 2017 aproximadamente se impulsó el reemplazo de los CMO por los CGO en algunas empresas de USA como McDonald's, Johnson y Johnson, Uber, Hyatt, Colgate Palmolive, Mondelez, Coca-Cola (decisión recientemente revertida), y otras de tamaño mediano.

El mandato a los CMO llegó a ser *Grow or leave*, Crecer o Renunciar.

El objetivo era priorizar el Crecimiento, la Digitalización y el desarrollo e implementación de deslumbrantes Experiencias a los Cliente$.

Solo agrupándolas bajo la responsabilidad de un nuevo Vicepresidente el CGO (al C-level, el nivel de los Vice Presidentes dependientes directos del CEO) se pretendió cumplir esta imperiosa necesidad.

El CGO pasó a tener de hecho la segunda posición jerárquica detrás del CEO en dichas empresas, y convertirse en el catalizador del Crecimiento. Este cuestionamiento a los CMO estuvo acompañado por la creciente tendencia de medir su desempeño prioritariamente por los resultados económicos trimestrales solo de los negocios existentes y el incremento en la cantidad de Cliente$.

No solo se puso en duda la idoneidad, conocimientos tecnológicos y capacidad de actualización de los CMO, sino que se los disminuyó de rango.

Numerosas publicaciones se hicieron eco y comentaron, en general favorablemente, este cambio, enfatizando la anterior falta de mediciones idóneas de la contribución de las Acciones de Marketing a la rentabilidad de las Empresas ("marketineros charlatanes...").

Se habló del CGO como el paso evolutivo de la función de Marketing.

Así los anteriores CMO solo quedaron a cargo de la Planificación y Ejecución (función Ventas) de dichas Acciones.

En la Argentina, institucionalmente, la Función Marketing se ve progresivamente afectada en forma negativa, esto sumado al progresivo deterioro de la imagen de la profesión por una visión equivocada que confunde al Marketing exclusivamente con la Publicidad y el crecimiento de prácticas reñidas con la ética y que con este nombre, que nosotros llamamos marketín trucho, pretende imponer productos, servicios y aun candidatos políticos devaluados...

En SU caso en particular deberá determinar la Visión, Organización, Estructura y prioridades propias.

¿Querrá debatir, intercambiar ideas con sus pares y eventualmente con nosotros? Ponemos a su disposición nuestra página para hacerlo: www.crecerenclientes.com.ar

3.3. Lo importante y lo urgente

Los casos Molinos Río de la Plata Argentina y Coca-Cola, South Latam Division

El caso Molinos

En 1965 se reorganiza la Compañía y sea recrea la Gerencia Comercial (Dirección Comercial) dependiente del Gerente General (CEO) con responsabilidad total de todas las funciones comerciales, desde la Compra de Materias Primas, Ventas, Planificación Comercial (con énfasis en las flamantes Jefaturas de Producto con la finalidad de descentralizar las decisiones y agilizarlas, que incluían la determinación de los precios y descuentos), Investigación de Mercados, Publicidad y Desarrollo de Nuevos Productos.

En 1969 se desdobla dicha Gerencia en esa misma, responsable del gerenciamiento de los Negocios Existentes y la nueva Gerencia de Desarrollo Comercial, con la misión de encarar la diversificación y crecimiento de la Empresa, con el desarrollo de Nuevos Negocios. La hipótesis subyacente fue resolver el dilema del corto plazo que siempre resultaba prioritario frente a los desafío de mayores plazos para el desarrollo de nuevos emprendimientos.

En esta nueva Gerencia de Desarrollo Comercial se agruparon: la función Planificación de los Nuevos Negocios propiamente dicha, Investigación de Mercados, Relaciones Públicas y el Laboratorio de Investigación y Desarrollo.

Es así que se incursionó, por ejemplo, en el Negocio de las Pastas Secas que era una posibilidad siempre postergada por las urgencias de los Negocios existentes, y finalmente con la Compra de Matarazzo S. A., empresa líder en el sector.

Se sinergizaron las Comunicaciones Comerciales y las Institucionales.

Y también se exploró en 1974 junto con la Agencia de Publicidad de Hugo Casares, una campaña institucional para explicar *"Molinos que hacés con tus ganancias"* y se creó un personaje inquisidor Doña Gertrudis en representación de las amas de casa, ¡las Clienta$!

El caso Coca-Cola

En el año 1980, The Coca-Cola Export Corporation, South Latam Division, con jurisdicción en las operaciones en Argentina, Uruguay, Paraguay, Chile, Bolivia y Perú decide reorganizarse para afrontar mejor, en forma más profesionalizada, su gestión y crecimiento.

No solo modifica su Organización sino que incorpora una nueva camada de Directores, dependientes directamente del CEO Regional.

Para el área comercial las novedades se resumen en la separación de la Dirección de Marketing a cargo de la Planificación global y Relación con los Embotelladores (Concesionarios a cargo de la fabricación y distribución de las gaseosas) y la Dirección de Desarrollo Comercial (CDO Chief Development Officer) con responsabilidad por las Jefaturas de Producto y Canales de Dis-

138

tribución (de nueva creación), Comunicaciones Comerciales y Corporativas, Investigaciones de Mercado, Desarrollo de Nuevos Negocios y Relaciones Públicas y Asuntos Institucionales.

También en este caso vemos cómo se dio el desdoblamiento de la Función Comercial entre lo más Operativo a cargo del corto plazo y lo vinculado al más largo plazo. Esta experiencia fue reiteradamente expuesta en Atlanta USA, sede central de la Empresa para su análisis y seguimiento.

El funcionamiento de Investigación de Mercados y el de Comunicaciones Comerciales/Publicidad siguieron su devenir anterior con un mayor nivel de profesionalización, especialmente en lo que atañe al Pattern Advertising vs. los desarrollos publicitarios locales que se dieron más adelante, facilitados por esta nueva Organización.

Esta descentralización/separación organizativa también facilitó el desarrollo de la Campaña de Bien Público/Institucional *Coca-Cola en las Artes y las Ciencias* en las que se premió anualmente a los científicos y artistas más destacados en ambas actividades, con gran repercusión pública.

Y en el ámbito de los Nuevos Negocios, siguiendo la Diversificación de la Compañía a Nivel Internacional, se avanzó con la eventual distribución de los vinos de la bodega provincial mendocina GIOL.

3.4. La vigencia del CMO
Desde el punto de vista Organizativo e Institucional

Creemos que la función del CMO (Chief Marketing Officer) no debe ser reemplazada, por ejemplo, con un CGO (Chief Growth Officer), sí que se debe actualizar y reforzar.

Hemos visto que históricamente se podía desdoblar con un CDO Chief Development Officer (ver casos Molinos Río de la

Plata y Coca-Cola South LATAM Division) y que actualmente la presión por priorizar y dar más visibilidad, especialmente ante los Directorios/Board y Accionistas (en caso de una Sociedad Anónima), a la Digitalización, Crecimiento y Experiencias del Cliente han provocado innovaciones y distorsiones.

Coca-Cola ha dado marcha atrás: retornan a dar vigencia a la posición del CMO. Necesitan volver a priorizar las Relaciones con los Cliente$.

El Mercado y los Cliente$ deben tener una voz sin intermediarios en los Comités de Dirección que agrupan al CEO y a sus colaboradores inmediatos, y nada mejor que un CMO único al *C-level*.

La Digitalización, más allá del Marketing Directo, facilitado por las Bases de Datos cada vez más potentes, involucra a toda la Empresa y son un desarrollo conjunto predominantemente entre el CMO y el CIO.

El Crecimiento puede estar a cargo de un Development Officer que dependa del CMO pero, imprescindiblemente, con un grado de autonomía y dedicación totales.

Las Experiencias de los Cliente$ Cx, deben ser desarrolladas por Marketing como parte de una Estrategia de Diferenciación Competitiva integral, aunque deben ser implementadas por todos los componentes de la Empresa para lograr preferencia y lealtad de los Cliente$ construyendo relaciones de mediano y largo plazo.

Se exige al "nuevo" CMO: *When a CMO is equipped to run the business of marketing, that CEO can make confident investment decisions that drive growth-the ultimate responsibility of every CEO.* Pero también: *A brand needs to spark memorable, meaningful relationships with their audience.*

3.5. ACTIVOS INTANGIBLES

Los <u>activos tangibles</u> son los contabilizables. Son los que hacen al patrimonio de la empresa. Edificios, máquinas, existencias de mercadería, cuentas a cobrar, etc.

¿Por qué no intentar enumerar los activos intangibles propios, los suyos?

Son aquellos muy importantes para el negocio, pero que no se contabilizan: *Know How* (conocimientos específicos del negocio) y <u>Fórmulas; Marcas; el Personal capacitado; y Cliente$, son algunos de los intangibles</u>.

Para COCA-COLA ¡cuán importantes son su fórmula y su marca!

Para todos los emprendimientos "<u>lo más importante son SUS Cliente$</u>".

Los Cliente$ son lo que más escasea, más que el Capital.

Son difíciles de conseguir y más difíciles de fidelizar.

Todo este capítulo de "Fidelizar Cliente$ para Retenerlos" se basa en esta premisa. ¿También es su caso? Nos alegramos mucho. Vamos a poder serle útil.

3.6. MARKETING DE FIDELIZACIÓN

La gran diferencia con el Marketing Masivo es que ahora se va a poder comunicar con sus Cliente$ en forma directa, personalizada, reconociéndolos y haciéndoles llegar información y ofertas de acuerdo a sus necesidades específicas.

¿Quiénes pueden aplicar esto? <u>Todo aquel que tenga Cliente$</u>, independientemente de su tamaño y especialidad: empresas, profesionales independientes, instituciones, artesanos.

Las empresas que venden a empresas, business to business, *"B2B"* ya tienen bases de datos, aunque sea en planillas de Excel si aún no están digitalizadas. Saben nombre, razón social, dirección de cada Cliente, etc. y registran los detalles de cada transacción/venta.

Para las empresas que venden a consumidores finales, *"B2C"* la tarea es más ardua. Deben armar su base de datos desde cero, y veremos cómo se hace.

Empresas que llegan a sus consumidores vía el canal comercial (distribución indirecta) también están haciendo ingentes esfuerzos para obtener la base de datos de los mismos para poder comunicarse directamente con ellos.

Empresas de Servicios Públicos que deseen "tenerlos de su lado", bien pueden comunicarse con sus Cliente$ y no considerarlos simplemente como "usuarios".

Profesionales que trabajan por cuenta propia también pueden / deben trabajar a partir de sus bases de datos.

Si tiene Cliente$, fidelícelos para VENDERLES MÁS y lograr su RECOMENDACIÓN. Si tiene, además, una cartera de Cliente$ inactivos, revísela, depúrela y busqué la mejor excusa para volver a contactarlos. Comenzado con aquellos de perfiles parecidos a sus MVC.

3.7. ¿Cuánto sabe usted de todo esto?

1 a 1, ¿qué es?: Es la posibilidad de comunicarse interactivamente con cada uno de sus Cliente$; aprender cada vez más de ellos para poder atenderlos mejor.

El término fue acuñado en 1993 (¡qué nuevo es todo esto!) por Don Peppers y Martha Rogers, PhD en su primer libro: *Uno por Uno. El Marketing del Siglo XXI*, publicado en inglés en 1993 y en español en 1996.

Y <u>CRM</u>, ¿qué es?: Es una expresión en inglés, y la analizaremos en ese idioma y en español.

- C por *Customer* o Cliente.
- R por *Relationship* o Relaciones.
- M por *Management*, no Marketing (es una Estrategia de Gerenciamiento).

En el Gerenciamiento de las Relaciones con los Cliente$ el factor clave es la R de Relacionamiento. Debemos desarrollar una Relación, consolidarla y hacerla crecer.

¿Qué Programas de Fidelización están vigentes?

Debería conocerlos, ya que el suyo "va a competir con todos ellos" por lo menos en las billeteras, tanto físicas como virtuales, donde conviven todas las Tarjetas de Pertenencia. Y en otros dispositivos digitales. ¡Los Cliente$ van a utilizar las que les resulten más útiles y atractivas por sus beneficios!

¿Por qué no se propone relevar empresas de su rubro y otras?

Intente adherirse a sus Programas de Fidelización y observe atentamente:

¿Cómo se enteró de su existencia? ¿Se lo ofrecieron o debió preguntar?

¿Cuánta información le piden? ¿Le molesta que le pidan demasiada cantidad de datos personales? ¿Cuáles serían sus mayores puntos de fricción?

¿Hay elementos, materiales en el punto de venta, que indican que allí tienen uno?

¿Y en Internet: ya sea la web corporativa, redes sociales, newsletters o blogs?

¿Le resulta lo mismo si un beneficio, por ejemplo una bicicleta todo terreno, por el que podrá canjear sus puntos acumulados, es una pequeñísima viñeta en un catálogo, o si está exhibido físicamente?

También esté atento a las noticias referidas al tema.

Hoy, empresas líderes de diferentes sectores siguen apostando a construir programas de fidelización integrales para mejorar la relación con sus Cliente$. El cuadro siguiente presenta un resumen con algunos de ellos:

EMPRESA	farmacity	NESCAFÉ Dolce Gusto	aerolíneas argentinas	FlyBondi	A	YPF	GRIDO	Personal
PROGRAMA DE FIDELIZACION	TU FARMACITY	MI NESCAFE DOLCE GUSTO	AEROLINEAS PLUS	CLUB FLYBONDI	AMERIAN CLUB	YPF SERVICLUB	CLUB GRIDO	CLUB PERSONAL
RESUMEN	Te registras en la página (o en sucursal código QR) y accedes a beneficios y descuentos especiales para compras on line/sucursal	Es un programa de suma de puntos que luego se pueden canjear en la compra on line	Sumas millas con cada viaje que haces en aerolíneas y empresas asociadas para canjear por tickets o servicios	Pagas un monto anual y accedes a descuentos, preventas y promociones exclusivas.	Es un programa de suma de puntos a partir de la primera estadía luego de registrarse.	Es un programa de suma de puntos. Pedís la tarjeta en la estación de servicio, la registras en la página, y sumas con cada compra.	Es un programa de suma de puntos. Tenes que registrar en la página web la tarjeta que te dan en el local.	Es un programa para clientes de Personal, Cablevisión y Fibertel. Obtenes descuentos/beneficios.
ESTRATEGIA DE FIDELIZACION								
ACUMULACION DE PUNTOS	NO	SI	SI	NO	SI	SI	SI	SI
MONETARIO: DESCUENTOS/ BENEFICIOS	SI	NO	SI	SI	SI	SI	SI	SI
LUDICO /SORTEOS	SI	SI	NO	NO	NO	NO	NO	SI
REGISTRO								
¿TIENE PROCESO DE REGISTRO?	SI	SI	SI	NO	SI	SI	SI	SI
¿BRINDAN PUNTOS O DESCUENTOS DIRECTOS (EN EL REGISTRO ANTES DE LA COMPRA)?	NO	SI	NO	NO	NO	SI	NO	SI
FORMATO								
¿TIENE TARJETA FISICA/VIRTUAL?	NO	NO	SI	NO	SI	SI	SI	NO
¿TIENE UNA APP?	NO	NO	NO	NO	NO	SI	NO	SI
¿TIENE CATEGORIAS DE SOCIOS?	NO	NO	SI	NO	SI	NO	NO	NO
COSTO								
PAGO POR ALTA	NO	NO	NO	SI	NO	NO	NO	NO
GRATUITA	SI	SI	SI	NO	SI	SI	SI	SI
EMPRESAS QUE INTERVIENEN								
PROGRAMAS MONOPATROCINIO - El programa es creado por una sola empresa	SI	SI	NO	SI	SI	NO	SI	NO
PROGRAMAS SECTORIALES - La participación es entre varias empresas del mismo sector (alianza)	NO	NO	SI	NO	NO	NO	NO	SI
PROGRAMAS MULTIPATROCINIO Numerosas empresas de diferentes sectores participan en el programa.	NO	NO	NO	NO	NO	SI	NO	NO
OTROS DATOS	Permite definir categorías y temáticas de interés para orientar los beneficios, descuentos y contenidos.	Permite enviar invitaciones a amigos/conocidos. Te da la opción de registrarte sin compra previa.	Permite comprar y transferir millas. También designar beneficiarios. Hay distintas opciones para sumar: vuelos, empresas asociadas y bancos.	El pago de la membresía se cobra al momento de pagar la reserva	Presentan condiciones para multiplicación de puntos (por ej.: estadías en temporada baja)	Te da la opción de registrarte sin la tarjeta y te pide que luego la busques	Te deja registrarte sin la tarjeta	Es un programa de descuentos para clientes de las tres empresas y a su vez si tenes personal individuos podes sumar puntos para canjear

Los programas de fidelización son una herramienta atractiva y viable para que su propuesta de valor logre diferenciarse de la competencia, captar más Cliente$ y fidelizarlos: vender más y mejor.

144

3.8. La Fidelización como Estrategia Competitiva

Pero "si esto es tan bueno, tan eficaz" no es suficiente que lo digamos nosotros; veamos cómo la realidad testimonia a nuestro favor.

Los primeros programas de fidelización, desde 1998 y aún vigentes en forma actualizada, fueron YPF SERVICLUB y DISCO PLUS (ahora como CENCOSUD).

SUPERMERCADOS CARREFOUR últimamente, en plena era digital, retoma su esfuerzo por conocer a los Cliente$. Se concentra en ofrecer beneficios inmediatos de precios levemente inferiores en algunos productos a las Clienta$ que se inscriben en el Programa MI CARREFOUR y así capturan "por lo menos" la información específica de las compras de dichas Clienta$ (no así la de los consumidores "anónimos"...). Así también con los que utilizan su tarjeta de crédito propia

Lo notable es que el posicionamiento de CARREFOUR y el de WAL-MART eran idénticos, con la ventaja de que los hipermercados de origen francés vinieron a nuestro país en 1982, 13 años antes que su competidor de los Estados Unidos. y el que vino después encontró ya comoditizado su posicionamiento tradicional. CARREFOUR con su slogan: *"Los precios más bajos o le devolvemos la diferencia"* optó por agregar a su posicionamiento la fidelización de sus Cliente$ con un programa de beneficios inmediatos, no habitual en Argentina, donde en general habían sido programas por puntos.

WAL-MART, que fue entrevistado en alguno de los Congresos Profesionales en el exterior a los que asistimos regularmente para actualizarnos, indicó en esa época que su estrategia *"precios más bajos, todos los días"* les lleva todo el tiempo a sus gerentes de tienda, etc. que no tendrían tiempo para desarrollar y ejecutar un Programa de Fidelización...

Pese a esto no podemos decir nada "contra" WAL-MART. Es la mayor empresa tradicional del mundo y "algo" debe estar haciendo bien... Si Bill Gates, fundador de MICROSOFT, es la persona más rica del mundo (¿o es Carlos Slim o es Jeff Bezos, el fundador de AMAZON?), se dice que la suma de los patrimonios de los cinco hijos de Sam Walton sería aún mayor... (*Made in America. My Story* by Sam Walton. Doubleday, 1992 que relata la historia de WAL-MART es un libro altamente recomendable). Hoy en día los esfuerzos de WALMART* por mantenerse al día en el mundo virtual son denodados y trata de no perder (o seguir perdiendo) terreno frente a AMAZON.

CARREFOUR eligió diferenciarse de otros que "solo venden a los precios más bajos" poniendo énfasis también en un acercamiento/relacionamiento personalizado con sus Cliente$, con ofertas muy pertinentes para cada uno de ellos, con potencial para comprar más. No se trata de que consuma más yogurth sino de que compre de mi marca, en mi comercio o canal de e-commerce, desplazando a la competencia.

EASY Home Center, a principios de 2007, lanza su programa de Relacionamiento EASY MÁS. Así, mientras algunas empresas apuestan a las Promociones, otras y cada vez más avanzan con nuevos Programas de Fidelización para establecer relaciones permanentes con sus Cliente$.

CENCOSUD, el holding que agrupa a JUMBO, DISCO, VEA e EASY ha finalmente unificado sus Programas de Fidelización.

Para resaltar la vigencia de todo esto, buscando en Internet encontramos la página del PEPPERS & ROGERS GROUP. Don Peppers y Martha Rogers PhD, precursores en conceptualizar el Marketing de Fidelización con su primer libro del año 1993, ¡hace solo 27 años!, *Uno por Uno el Marketing del siglo XXI* definen a su Empresa de Consultoría como una "Consultora en Management" (Gerenciamiento) y no solo en Marketing. Y, además, la complementan con ser "líder en Estrategias de Negocios basadas en determinar diferencias entre sus Cliente$ para obtener ventajas competitivas". Bien interesante e ilustrativo, ¿verdad?

3.9. PROMOCIONES O FIDELIZACIÓN
ADQUISICIÓN VS. FIDELIZACIÓN

¿Qué queremos lograr?

¿Qué nos compren más "ahora" o "siempre"?

¡Siempre queremos que nos compren más ahora!, pero ¡ser sustentables también en el mediano/largo plazo! Tenemos que pagar a nuestros proveedores hoy... y a fin de mes tenemos que pagar los alquileres, los servicios y también a nuestro personal...

Para anticipar nuestras ventas, la herramienta de marketing más adecuada son las Promociones: de precios, muestreos, degustaciones, test-drives, etc.

Si tenemos suerte habrá un efecto residual en que las ventas, después de decaer por estas ventas anticipadas provocadas por una promoción puntual, se estabilizarán en una nueva meseta quizás de nivel algo más alto que el anterior, esto constituye "el efecto residual" de la promoción.

Pero si queremos vender más a lo largo del tiempo o "siempre", utilicemos la Estrategia de Diferenciación Competitiva que llamamos Fidelización, CRM, Relacionamiento y que plasmamos con el "Programa de Fidelización de Cliente$".

Aquí debemos introducir el concepto, la cruda realidad, que no todos los Cliente$ son iguales. Debemos tratar a todos los Cliente$ muy bien, pero a algunos quizás mejor que a otros.

147

Vamos a ver un ejemplo de *Valor de por Vida* (LTV *Life Time Value*) de los Cliente$. Hay libros específicamente dedicados a cómo definir y calcular esto. Pero dejémoslo bien simple y entendible.

- El cliente Doña María entra en mi comercio de productos de primera necesidad (alimentos, limpieza y tocador) y compra por el equivalente de US$ 50. Si mi contribución marginal es un 20%, "me deja" US$ 10 para cubrir mis gastos generales y eventualmente producir una pequeña ganancia. Doña María por ahora "vale" para mí US$ 10.
- Pero "si logro fidelizarla" y regresa las cuatro semanas del mes ya vale US$ 40 y si logro que venga las 52 semanas del año, valdrá US$ 520. Si además puedo retenerla a lo largo de 10 años (supongamos que no se mude), su valor de por vida es US$ 5.200. Esta simplificación excluye el concepto de flujo descontado de fondos y es puramente económico, ya que no incluye el desfasaje de los pagos en el tiempo, la inflación, o sea las variables financieras.

Para nuestro ejemplo, ¡cuánta mayor atención le brindaré y qué esfuerzos de fidelización le dedicaré si "ahora" vale quinientas veinte veces más!

Promoción y Fidelización NO son excluyentes, se utilizan cada una para cumplir objetivos determinados.

<u>Fidelizar a los Cliente$ no es lo mismo que venderles más AHORA.</u>

Pregúntese, antes de seguir adelante y suponiendo ya tiene Cliente$, ¿qué debe hacer con más énfasis: adquirir/incorporar nuevos Cliente$ o retener a los que ya tiene, especialmente a los mejores y venderles más? ¿Cuánto le cuesta cada alternativa? Discútalo con sus socios y/o colaboradores, no solo con el área de Marketing ya que hoy, de un modo u otro, todos somos vendedores "tácitos" en nuestra vida laboral.

La realidad es que siempre, casi siempre –después "le daremos los números los costos comparativos" para justificarlo también cuantitativamente– hay que optar primordialmente por retener a los que ya tienen y volver a activar a los que ya tuvieron una buena relación con la marca antes de invertir sus siempre escasos recursos en buscar otros nuevos. Esto lo enfatizan cada vez más autores y expositores en distintos Congresos de la Marketing y Customer Experience *("Keeping Customer$ is far more important than getting new ones")*.

Esto es la esencia de lo que ocurre en la actual Era del Relacionamiento, y autores como Joseph Jaffe, directamente proponen "dejar de obsesionarnos" con el costoso proceso de conseguir más Cliente$, y en su lugar focalizarnos en la Fidelización y Recomendación de los que ya se tienen.

Hay un ejemplo de que en alguna industria esto no se prioriza. En las comunicaciones por dispositivos móviles, la innovación tecnológica es tan rápida que los usuarios se sienten compelidos a renovar sus aparatos para aprovechar las ventajas de las mismas. Es así que las tres empresas oferentes del sector en Argentina privilegian, las tres, conseguir "nuevos" Cliente$ y mejorar su participación del mercado, dejando de lado enfatizar la fidelización de los que ya tienen.

Pero "todos" queremos tener más Cliente$. Para reemplazar los que no podré retener y para seguir creciendo.

Y en este caso podríamos recurrir a herramientas de Marketing no masivas (recordemos las cuatro "P" del Marketing Mix de McCarthy, profesor de la Universidad de Michigan. (1): Producto, Precio, Plaza / distribución) y Promoción / comunicación); NO publicidad ni promociones). Ver Capítulo 2.

Hoy estas herramientas quedaron eclipsadas por los nuevos formatos de consumo que ponen en marcha a su vez nuevas narrativas para los "prosumidores". Esta nueva tipología de Cliente$ que no solo consumen sino que también producen contenidos sobre su experiencia de consumo.

Ya en el 2001, Idris Mootee, CEO de Idea Couture, había creado **las 4 P's del Marketing Digital**.

- Personalización
- Participación
- Par a Par en comunidades (*Peer-to-Peer Communities*)
- Predicciones modeladas (*Predictive Modelling*)

Un paso más allá, hoy se debe tomar en cuenta una quinta "P": Partner/Personas (Cliente$ y Colaboradores) ya que los Cliente$, los usuarios/consumidores deben ser el núcleo central de nuestras campañas y acciones mientras que la buena experiencia de nuestros Colaboradores impactará también en nuestros Cliente$.

Si hemos podido construir nuestra base de datos, podremos determinar el perfil de nuestros mejores Cliente$ y entonces buscar "mellizos" o "clonarlos". También conseguir Nuevos Buenos Cliente$ también con el Testimonio de nuestros Buenos Cliente$ Satisfechos. Ver Capítulo 4.

Para nosotros, los requisitos para determinar un Programa de Fidelización son:

- **Construir la Base de Datos de sus Cliente$.**
- **Segmentar dicha Base y crear "cluster".**
- **Diseñar y ejecutar acciones segmentadas.**
- **Medir los Resultados.**

3.10. Para qué fidelizar. Los números "mágicos"

Tener un Programa de Fidelización de SUS Cliente$, "no es para mandarse la parte". *"Nothing to brag about"*, nada de que vanagloriarse.

Todo, o casi todo lo nuevo que se escribe sobre estos temas se lo hace en inglés y las traducciones tardan en llegar. Y como decimos en los Reconocimientos al final de este Libro, el mejor conocimiento del "inglés" es de las mayores ventajas competitivas que podemos desarrollar.

- Es ni más ni menos para VENDER MÁS, rentablemente y en forma sustentable en el tiempo.
- Es para <u>GANAR MÁS DINERO</u>.
- Es para <u>FIDELIZAR Cliente$</u>. Simplemente para que no se vayan a la competencia.
- Es para <u>VENDER MÁS</u> a los mejores Cliente$, en detrimento de los competidores.
- Es para <u>CRECER</u>, clonando a los mejores Cliente$.
- Es para que <u>NOS RECOMIENDEN</u>, por su satisfacción con nosotros como sus proveedores.

Los Números "Mágicos":

<u>20%</u> es el gran promedio de Cliente$ que se pierden si no se hace nada por retenerlos. O sea en 5 años corro el riesgo de quedarme solamente con el 32% de mis Clientes...

<u>5 veces más fácil</u>. Según distintos autores es 5, 7 y hasta 10 veces más fácil y económico seguir vendiendo a un Cliente que ya tengo. No tendré que invertir en desarrollar uno nuevo.

151

20/80. El Principio de Paretto indica que habitualmente el 20% de los mejores Cliente$ hacen al 80% de las Ventas y muchas veces de la Rentabilidad. Nuestra práctica profesional, con más de veinticinco programas desarrollados en los más variados rubros y tamaños de emprendimientos, indica que la concentración de las ventas en los mejores Clientes casi nunca es menor del 30/70.

50/10. Pero lo que se conoce menos, o de lo que se habla menos, es que la mitad de los Cliente$ son los que menos compran, solo significan el 10% de las ventas, ya que casi seguramente son clientes de la competencia y solo nos compran muy ocasionalmente. Y en bancos donde la atención es muy costosa, puede haber un gran número de Cliente$ de rentabilidad negativa.

100% de las acciones son medibles, a diferencia del Marketing Masivo y Tradicional donde alguien alguna vez dijo: "La mitad de la publicidad sirve, la otra mitad no. Lástima que no podemos determinar a priori la mitad de lo que no sirve...".

En el Marketing Relacional, en el Marketing 1 a 1, en el Marketing de Fidelización, que utilizamos como sinónimos, todas las acciones son medibles, utilizando lo que en Estadística se denominan "Grupos de Control".

Un ejemplo. Queremos introducir en el mercado una nueva marca de alimentos para mascotas. Nosotros tenemos una pequeña red de supermercados y tenemos una base de datos de nuestros Cliente$. El proveedor investigó y lo más promisorio resulta hacer un descuento del 30% a los que compren por primera vez este nuevo alimento. Lo que no sabe es qué canal de comunicación utilizar.

Nuestra base de datos es de 100.000 Clientes activos. Los que han comprado este tipo de productos son 6.800. La prueba debe consistir, con ayuda de la estadística, en determinar el tamaño de las muestras y de los grupos de control.

Supongamos que son tres muestras de 200 Cliente$ para determinar lo más promisorio: 1. hacer una entrega puerta a puerta de una muestra de producto con un catálogo, 2. llamarlos por teléfono vía un contact center o 3. enviarles una pieza de e-mail marketing. Para medir exactamente la incidencia de estos estímulos en sus compras (la primera y eventualmente compras repetitivas) estadísticamente se determina que para cada muestra de 200 Clientes se deben mandar los respectivos estímulos a 160 y dejar 40 como control sin contactos, sin estos estímulos, aislando todas las otras contingencias del mercado.

Pronto sabremos qué funciona mejor y de acuerdo a sus diferentes costos habremos aprendido qué canal de comunicación es más eficaz. Estas conclusiones las aplicaremos a los envíos del estímulo más promisorio a los 6.800 menos 200 por tres es igual a 600, o sea 6.200 Cliente$ con mascotas restantes. Con esta información objetiva espero que todos estemos cada vez más convencidos, de que <u>debemos empezar con pruebas o A/B testing (el término test A/B se utiliza en el ámbito del Marketing Digital y la Analítica web para describir experimentos aleatorios con dos variantes, A y B, siendo una la de control y la otra la variante)</u>.

Gracias a la digitalización hoy ya no es necesario "tirarse a la pileta" sin saber cuánta agua hay. Las Buenas Prácticas comerciales en este rubro indican "avanzar paso a paso", como alguna vez dijo el entrenador de fútbol Reynaldo Merlo, del Racing Club de Avellaneda, Provincia de Buenos Aires, Argentina.

3.11. Programas, Premiaciones y Tarjetas

Hay distintos tipos de Programas de Fidelización y Sistemas de Premiación.

Los Programas de Fidelización o Relacionamiento pueden ser Individuales o Grupales, tipo "Club" ("*Coalition Programs*").

1. Los <u>Individuales</u> pretenden establecer relaciones preferenciales de un emprendimiento/empresa en particular con SUS Cliente$. Los casos prototipos fueron, como ya adelantamos, DISCO PLUS e YPF SERVICLUB, al ser de la primeras empresas grandes en la Argentina en adoptarlos (a mediados de 1996) además de estar bien gerenciados y actualizados.

2. Los "<u>tipo Club</u>" establecen relaciones personalizadas con Cliente$ de varias empresas no competitivas. En Argentina el primer ejemplo fue TRAVELPASS, que años después fue discontinuado (inicio 1998). Se trató de una versión local del Programa AIR MILES muy exitoso en Europa, Canadá, Australia, etc. Con el liderazgo de SHELL se inició agrupando a dicha empresa con Supermercados NORTE, Banco GALICIA y el Grupo TELECOM, ARNET y PERSONAL, bajo el talentoso Jorge Ricci. Pronto adhirieron otras 12 empresas. La ventaja propuesta hacia los Cliente$ Miembros era que alcanzarían más rápidamente los beneficios al poder acumular los puntos correspondientes a las compras en tantas empresas diversas.

Los Sistemas de Premiación también son dos: Puntos Acumulables y Canjeables por Premios o Beneficios Inmediatos.

Antes de continuar una salvedad insoslayable. <u>Ni los Puntos ni los Beneficios Inmediatos Fidelizan</u>. Solo inducen a que los Cliente$ se identifiquen y se pueda relacionar cada compra, cada ticket de compra, con dicho Cliente. Lo que realmente fideliza, como veremos más adelante, es la capacidad que desarrolla y luego utiliza la empresa para reconocer a cada Cliente y atenderlo de acuerdo a sus necesidades particulares. *"If you want Loyalty, buy a dog"* (si quiere lealtad, cómprese un perro) decía Fred Newell, uno de los gurúes del Marketing de Fidelización que visitó la Argentina en forma recurrente entre 1994 y el 2007, año de su fallecimiento.

En la Argentina las implementaciones más comunes han sido los Programas basados en Puntos: DISCO PLUS, YPF SERVI-CLUB, JUMBO MÁS, BONUS de los Shopping Centers LOS ALTOS, Hipermercado LIBERTAD, YENNY-EL ATENEO (eXtra), etc.

Pero volvamos a los tipos de Programas de Fidelización. El CLUB CARREFOUR, con su mercado de prueba en Córdoba en 2001, fue el primero entre los programas de empresas "grandes" que implementó un programa con beneficios inmediatos.

Estos últimos casos y también los de la cadena de Restaurantes Parrillas LA CABALLERIZA, ÓPTICA EXPRESS y OPEN SPORTS, que integraron TRAVELPASS, también pueden ser requeridos en la Plataforma www.crecerenclientes.com.ar

Las Investigaciones de Mercado más recientes indican que los Cliente\$ crecientemente prefieren los Beneficios Inmediatos ya que vivimos en una cultura de la inmediatez. Por otra parte, existe la percepción de que los premios "no se alcanzan nunca", o hay que ver si "cuando querré canjear mis puntos la empresa sigue estando...".

Esta aseveración es necesariamente general. Para SUS Cliente\$ deberá diseñar (y someter a una Investigación de Mercado) el Sistema de Premiación que le resulte más promisorio en base a sus propias variables.

Por último, en este capítulo no queremos dejar de abordar los distintos tipos de Tarjetas de Pertenencia.

Ya habíamos mencionado que lo más apreciado es que sean gratis —ya que en algunos comercios aún las cobran—, de entrega inmediata real o virtual y de uso instantáneo. Gratis no quiere decir que se entreguen a todos los que las pidan.

Hoy la mayoría de las tarjetas pueden ser descargadas del sitio web de la compañía o de la aplicación que es necesaria bajar para completar el formulario o incluir los datos personales para acceder a los beneficios (Ejemplo: HILTON HONORS, LANPASS).

Si usted tiene un comercio donde toda su mercadería está marcada con códigos de barra, lo ideal es incorporar una <u>tarjeta con código de barras</u>, que será leída en la caja, por el scanner/POS simultáneamente, como si fuera un producto más.

Si usted dispone de una lectora de banda magnética para validar sus operaciones con tarjetas de crédito o débito, podrá negociar su utilización para leer las <u>tarjetas con banda magnética</u> de sus Cliente$.

YPF SERVICLUB y muy pocos más inicialmente eligieron utilizar <u>tarjetas con chip</u> –tarjetas inteligentes– (mucho más costosas) desde el inicio de estos Programas, que tienen la ventaja de acumular los puntos de las compras y poder consultarlos directamente con una lectora para este tipo de tarjetas, sin necesidad de tener que acercarse a kioscos on line, en línea con el servidor central.

Hoy en día toda la información para individualizar a un Cliente en el punto de venta está alojada en su teléfono móvil... y así se asegura que se haga acreedor a los beneficios vigentes en cada momento

Por ejemplo, McDonald′s permite en Argentina operar con cupones digitales exclusivamente con descuentos de precios, en sus locales y también en McDelivery.

3.12. Bases de Datos

Si estamos en una actividad en la que pertenecemos a una empresa que vende sus productos o servicios a otras empresas, *"B2B"*, seguramente ya tenemos una base de datos bastante detallada de las Empresas Clientas$.

Sabemos cómo se llama la Empresa Cliente, su dirección, teléfono, nombre de sus directivos, lugar y horario de entrega de la mercadería, etc., etc. Si vendemos a consumidores y tenemos un negocio muy pequeño, quizás recordaremos/memoricemos las particularidades de cada Cliente.

Pero lo más probable es que tengamos que armar una Base de Datos.

Cada comercio que vende a los consumidores finales, *"B2C"*, "sabe todo", qué días y a qué horas vende más, cantidad de facturas o tickets, valores promedio de los mismos, pero seguramente Don José no podrá contestar la pregunta ¿y cuántos Cliente$ tiene? Lo más probable es que no pueda distinguir si las Doñas María vienen tres veces por día o una vez por semana... PAGOFÁCIL, sabía que hacía algo así como 9.000.000 de cobranzas por mes, pero no cuántos usuarios (¿o Cliente$?) atendía.

Estamos hablando de <u>Bases de Datos Relacionales</u>, que permiten vincular cada compra con un Cliente en particular. Este desafío no es demasiado difícil de abordar con éxito. Algunas prevenciones previas: a los Cliente$ no les gusta identificarse, dar su datos, porque se los han pedido demasiadas veces y nunca recibieron algo a cambio... A veces los formularios en papel o digitales a completar son demasiado largos y piden información difícil de justificar en cuanto a su uso posterior. La inseguridad que todos padecemos hace que muchos seamos renuentes a dar nuestros DNI, números de teléfono, etc.

Este tipo de bases de datos vinculan el sistema de facturación con los datos suministrados por nuestros Cliente$.

Pero ¿<u>cuánta información solicitar?</u>

Para responder diferenciemos entre <u>información "fácil" e información "necesaria"</u>. También consideremos que podemos pedir más información en etapas sucesivas de la relación que vamos desarrollando con los Cliente$; a estas oportunidades las llamamos re-empadronamientos que nos servirán para iniciar también acciones de re-targeting.

Es muy frecuente que las Clienta$ no quieran o no puedan llenar los formularios de adhesión, único requisito para entregarles sus Tarjetas de Pertenencia.

Es que no todos saben llenar formularios con casilleros y preguntas múltiples. Es muy probable que Doña María manifieste "justo me olvidé los anteojos"; simplemente está clamando para que alguien la ayude o que un ejecutivo no quiera invertir su tiempo on line completando una serie de datos. Y, como para nosotros es MUY importante que se individualice en cada ocasión de compra, deberemos prever cómo reforzar estos posibles obstáculos o fricciones tanto en el mundo físico como en el digital en las semanas iniciales de nuestro Programa (puede ayudar algún nieto que se quiera lucir con su abuela...).

La información "fácil" de obtener es aquella que sería simple de capturar pero que no necesariamente nos permitirá entablar un Programa de Fidelización, aun así muchas veces no habremos pensado cómo utilizarla: tenencia de cachorros, hobbies, etc.

Información "necesaria" es aquella que me permitirá iniciar el primer diálogo con mi Cliente.

Un excelente ejercicio es someter esta pregunta al equipo de colaboradores inmediatos. ¿Cuál es la información mínima que debo pedir para iniciar la Comunicación Relacional 1 a 1? ¿Cómo se desglosa esa información inicial, ya sea para empezar con una campaña de *awareness*, venta u oferta de un servicio?

Surgirá nombre y apellido; teléfono, dirección postal, e-mail; fecha de cumpleaños o mucho mejor fecha de nacimiento, para poder segmentar por edad; DNI; cantidad de hijos; sexo ¿dos o más alternativas?; estado civil, etc.

Esto puede resultar bastante divertido. Aunque, ¿para qué nos sirve saber si un Cliente vive casado "por iglesia" o está en pareja "de hecho"? ¿Qué decisión diferente podríamos tomar? ¿No es mucha información para pedir toda junta al comienzo? ¿Y si postergamos la recopilación de información "no esencial" para iniciar un diálogo interactivo? y la dejo para cuando nuestro Cliente –ya con nombre y apellido– se sienta halagado porque inmediatamente después de su primera compra recibió un mensaje de agradecimiento y quizás una sugerencia que nos conteste solicitando un determinado beneficio asociado al producto adquirido.

La insistencia en obtener la dirección de e-mail de nuestros Cliente$ es que comunicarse por este medio es 100 veces más económico que por la vía postal y 10 veces más barato que hacerlo por teléfono, eventualmente con la participación de un Call Center.

- THE BODY SHOP en los Estados Unidos –hoy propiedad del cuarto conglomerado de belleza, NATURA & Co–. desde 2006 con su Programa de Fidelización pedía solo esos dos datos: primer nombre y e-mail.
- La ex cadena de LIBRERÍAS BORDER pedía desde 2007 solo el e-mail y la cadena de CVS PHARMACYS da las tarjetas a cambio de nada (sugiere que posteriormente a cambio de X puntos de regalo el Cliente le haga llegar después su e-mail).

Con el crecimiento del mundo On Line, todo esto debe también ser tenido en cuenta para facilitar y favorecer la adhesión digital.

3.13. Mecanismos de adhesión

Esto es válido, especialmente para empresas *"B2C"* que venden a consumidores directamente y que no tienen bases de datos previas y por lo tanto las tienen que construir. Habiendo decidido establecer el Programa de Fidelización de SUS Cliente$, ¿cómo va a lograr que los Cliente$, y quizás los Cliente$ potenciales, se enteren de la existencia del mismo y deseen adherir a él?

Las alternativas son varias y vamos a explicarlas: con avisos en medios masivos; en catálogos de venta a través de consultoras/revendedoras; materiales en el punto de venta; e-mail marketing + automation, aunque hoy en día lo que más prevalezca sean las estrategias y espacios On Line.

Revisemos juntos cada una de estas alternativas posibles, solo para enumerar algunas:

Avisos en medios masivos

Para grandes empresas el uso de medios masivos puede resultar económicamente posible, aunque como *los fondos para estos Programas de Fidelización deberían salir de los Presupuestos Publicitarios*, esto va a significar arduas negociaciones internas y lo finalmente disponible para esta etapa de lanzamiento será generalmente exiguo.

Los medios masivos a utilizar pueden ser diarios/revistas/vía pública si ese es el medio publicitario habitual, u otros en empresas mayores; y volantes para las más pequeñas de alcance solo barrial. Los mensajes serán del tipo "ahora usted puede beneficiarse adicionalmente adhiriendo al Programa...".

Catálogos de ventas

Catálogos, folletos, cualquier medio que detalle la oferta de productos/servicios, deberá incluir la mención de la existencia de un nuevo Programa de Fidelización.

Materiales en los puntos de venta:

Son casi inevitables. Se enterarán los Cliente$ que habitualmente visitan el o los locales de venta o tiendas. Hay dos tipos de comunicación para cumplir este objetivo: estandartes, afiches, cenefas y la inclusión de códigos QR o de barras para escanear. En definitiva, presentar el cupón en **código QR** o **código** de barras permite ampliar las acciones **promociones** online **para** canjearlas en lugares físicos, por lo que es una herramienta perfecta **para** acercar posibles Cliente$ al punto de venta. Permite que los usuarios obtengan los cupones digitales de su campaña con un simple escaneo y se logre así incrementar las ventas.

e-Mail Marketing + Automatización:

Conectarse con los Cliente$ que ya tenemos en forma personalizada por e mail es una alternativa interesante. Pero ustedes se preguntarán ¿si justamente estamos armando nuestra base de datos de Cliente$ cómo voy a poder mandarles envíos directos? La respuesta tiene que ver con si usted opera con Tarjetas de Crédito o Débito; podrá negociar opciones de co-branding con la empresa de tarjetas que ellas hagan envíos directos a SUS Cliente$ utilizando ese medio de pago teniendo en cuenta la política de privacidad de datos.

Otra opción es a través del envío de un html o un newsletter con cierta periodicidad –mensual, bimestral– donde al pie del mismo, además, figure la posibilidad de "des-sucribirse" si el usuario final así lo deseara. Existen empresas dedicadas a este tema que podría contratar para obtener el beneficio de usar una plataforma de email y marketing automation ya sea para una campaña específica (ej.: Cyber Monday / Black Friday), para definir clusters dinámicos y también aumentar las conversiones.

Tecnología de voz

Si vamos un paso más adelante, ¿podría ser la tecnología de voz el nuevo aliado de *"customer engagement"* y de los Programas de Fidelización?

En pocas palabras, la tecnología de voz permite a los consumidores comunicarse con Internet para una variedad de propósitos. Por ejemplo, si bien puede buscar en Internet escribiendo o comprando algo con un click de su mouse, la tecnología de voz les permite hacer ambas cosas: comprar e informarse.

Desde la perspectiva del vendedor, la tecnología de voz abre un nuevo mundo de canales de comercialización que le permiten llegar a sus Cliente$ a través de una gama de dispositivos digitales habilitados para voz, como teléfonos, televisores y automóviles inteligentes.

¿Y por qué tenerla en cuenta? De hecho, según la investigación de la empresa Voicebot.ai –que proporciona noticias, análisis de mercado y entrevistas relacionadas con asistentes de voz e Inteligencia Artificial– de 2019, 66.4 millones de adultos en los Estados Unidos., aproximadamente uno de cada 4, tenían un asistente de voz inteligente basado en altavoces a principios de 2019. El uso de la voz está en aumento debido a la comodidad con la tecnología, su conveniencia y la mejora en la experiencia del Cliente con asistentes de voz.

Un solo caso como ilustración: las Cadenas de Librerías YENNY/EL ATENEO y CÚSPIDE, en sus respectivos lanzamientos de sus programas de Fidelización desplegaron gigantescos banners en las puertas de sus locales en Shopping Centers, pero solo mientras duraron estos lanzamientos; después fueron retirados y esta fue una demostración de falta de continuidad que hizo que ambos tuvieran una tibia introducción inicial en el Mercado.

3.14. Data Warehousing y Data Mining

La información transaccional de los Cliente$ se debe guardar en "algún lugar de nuestro Sistema Informático". Este lugar se denomina técnicamente Data Warehouse o Repositorio de Datos. **Hoy es la Nube.**

Teniendo la información almacenada, lo importante es poder analizarla. El Data Miner, el tecnólogo, con la asistencia de la AI Inteligencia Artificial, aportará la creatividad al uso de la información para desarrollar oportunidades de MÁS VENTAS rentables dirigiéndonos a Cliente$ específicos o a pequeños segmentos homogéneos de los mismos.

A esto se llama Data Mining o Minería de Datos. A fines de 2006 y principios de 2007, se produce un muy fuerte incremento en la utilización del Data Mining, también por parte de los Bancos Comerciales para prever posibles pérdidas de Cliente$ de sus distintos productos. Si somos una empresa grande, seguro que deberemos recurrir a productos informáticos de minería de datos (CRM) de elevados costos.

De todos modos se puede comenzar aplicando el sentido común en la búsqueda de oportunidades. Por ejemplo para ofrecer accesorios de ropa a alguien que ya compró ropa, no hace falta efectuar minería de datos. El costo en un emprendimiento menor, con software de CRM "de estantería" no debería ser motivo para postergar la iniciación de SU Programa de Fidelización / Relacionamiento, quizás comenzando con mercados de prueba.

163

3.15. Segmentación de Cliente$

No todos los Cliente$ son iguales

Este tema ya lo habíamos mencionado. Pregunta: ¿Algunos podrían merecer lágrimas de sangre que derramaríamos si perdemos a alguno de los más importantes?

¿Cómo determinar dónde utilizar nuestros siempre escasos recursos para fidelizarlos, especialmente a los mejores? ¿Cuáles son los mejores?

Vamos a ver dos criterios complementarios de segmentación: según sus variables de compra y de acuerdo a su potencial de compras futuras.

Variables de compra: Frecuencia de compra; Recencia: fecha de su última compra; Valor monetario acumulado de sus compras; Productos que compran y que no compran; Valor de por vida.

Frecuencia

No es lo mismo una Clienta que compra la misma cantidad en una sola compra mensual que la que nos visita casi diariamente. Cada vez que estamos en contacto con ella se produce una nueva ocasión de venta/compra.

Anteriormente se determinaba una "frecuencia ideal" para cada rubro de actividad:

Por ejemplo: compras semanales para supermercados, compra cada 90 días en los negocios de indumentaria, etc.

Hoy cada Cliente tiene sus propias pautas de compra y estas "son su verdad".

Recencia

Es el lapso desde la última compra.

Si la Recencia es mayor que la Frecuencia, "ese" Cliente estará de vacaciones, se habrá mudado o simplemente nos habrá dejado de comprar. Lo que queremos evitar es que se vaya a la competencia.

Esta información debería disparar inmediatamente acciones de prevención y después de recupero de Cliente$.

Valor Monetario

Este es quizás el rubro más importante. Permite segmentar a los Cliente$ según el valor acumulado de todas sus compras. Eventualmente se puede diferenciar a los Cliente$ de acuerdo a la ganancia que nos dejan sus compras acumuladas.

Información por Producto

Es la que nos permitirá hacerle llegar propuestas vinculadas a sus compras habituales, no necesariamente a lo que declaró en su formulario de adhesión...

Nuevamente en el rubro de productos de primera necesidad puede ocurrir que alguno solo compre los productos de menor rentabilidad, que son los "secos" de almacén. En el Aceite, no podemos hacer maravillas, todos vendemos exactamente el mismo producto.

Pero en los productos frescos, de elaboración propia, de marcas propias, los márgenes son mayores y no queremos que finalmente el Cliente se decida por hacer sus compras por fuera de nuestra cadena de valor y mercadería.

Atención: es muy frecuente ver ofertas con precios rebajados, por ejemplo de productos de verdulería, de un super o hipermercado en un día de la semana determinado. Si la oferta es comunicada por medios masivos (diarios, carteles de vía pública o en pizarras en el punto de venta) llegará a Cliente$ de ese rubro pero quizás los que más la aprovecharán serán los que ya compran dicha categoría y en ese punto de venta específico con asiduidad. En vez de conseguir Nuevos Clientes estaremos "subvencionando" a algunos de los que ya tenemos para ese rubro...

Otra alternativa es ofrecerlos directamente por comunicaciones personalizadas a nuestros Cliente$ que no los compran, ventas cruzadas, para reforzar el proceso de conversión: website corporativo, alertas de emails a través de la app, etc.

Valor de por Vida

Obviamente este factor es muy importante y ya lo hemos explicado anteriormente. Permite segmentar, no en función de las compras históricas, sino de las compras futuras.

Potencial de Compras Futuras

Este otro criterio de segmentación complementario del anterior, también nos permitirá focalizar nuestra atención en algunos Cliente$ más que en otros.

Clientes más Valiosos

En la nomenclatura desarrollada por Don Peppers y Martha Rogers son los que ellos denominan **MVC, *Most Valuable Customer$*.** Son aquellos que vamos a querer retener a toda costa. ¿Pero cuáles son? Normalmente son los que más nos compran y recientemente se presta muchísima atención a su capacidad y vocación por su Recomendación espontánea.

Pero cada uno de ustedes los deberá determinar con precisión para el rubro en el que actúan. En la industria de los seguros, el Cliente potencial referenciado por un Cliente satisfecho, es de un gran valor. Por lo tanto, los Cliente$ con "buenas relaciones" que aún no las han referenciado a su agente o consultor, deberían revestir la categoría MVC.

En la industria de especialidades medicinales, los laboratorios que las fabrican tenían a los médicos como sus MVC, ya que recetaban los medicamentos a sus pacientes con su denominación comercial. Desde que la obligación es recetarlos por su principio activo –o nombre genérico–, los farmacéuticos y su personal se convierten también en MVC. Todos sabemos que hoy los pacientes frecuentemente piden "¿cuál es el más barato?". Y con los pacientes con dolencias crónicas la oportunidad es comunicarse directamente con ellos para intentar que "no cambien de laboratorio", constituyéndose así también en MVC.

Clientes de mayor Potencial

Estos son los que los mismos autores denominan **MGC**, *Most Growable Customer$*, con mayor potencial de crecimiento. A estos les vamos a querer VENDER MÁS, fundamentalmente desplazando a nuestra competencia, ganando participación en sus compras. Son Cliente$ que no nos compran todos los productos a nosotros, compartiendo sus compras con nuestros competidores; no nos compran productos que nosotros también vendemos y que ellos sí consumen; y los que no nos compran el surtido completo.

Clientes de menor Valor

Peppers y Rogers los llaman **BZC****, *Below Zero Customer$,* **Cliente$ "bajo cero".** Son aquellos para los que tendremos que desarrollar sistemas de atención que los conviertan en mínimamente rentables.

En los Bancos la atención de los Cliente$ es generalmente muy costosa y puede haber un buen porcentaje de los mismos que tienen muy pocos "productos o servicios financieros" –cajas de ahorro, cuentas corrientes, tarjetas de crédito, seguros, préstamos, etc.– o con escaso movimiento. La decisión debería ser la de atenderlos rentablemente, aumentando sus gastos por operación. Esto es más fácil decirlo que hacerlo. Pero si un paquete de servicios se lo cobraríamos, por ejemplo, US$ 20 mensuales a todos los Cliente$, sería mucho más fácil bonificar selectivamente su costo a los Cliente$ más valiosos y/o a los de mayor potencial. El camino inverso, aumentarles los costos a posteriori, es bastante menos simpático.

Se podría llegar a querer eliminar parte de los BZC y dejárselos a la competencia, especialmente los Cliente$ más quejosos, más difíciles de atender... pero mientras las medidas de rendimiento en los Bancos pasen por la cantidad, la cartera de Cliente$ activos, estos objetivos seguirán estando en contradicción.

3.16. Marketing con Bases de Datos y CRM

¿Son lo mismo? Ciertamente NO.

El <u>Marketing Directo</u> comenzó dirigiéndose a Cliente$ Potenciales, utilizando Bases de Datos compradas a terceros.

Si puedo obtener el listado de compradores de Mercedes Benz, ¿no serán los más posibles compradores de mi producto o servicio? Poder de compra seguramente no les faltará... Obviamente, pero no siempre corresponderán a nuestro público objetivo...

En la instancia en la que estamos trabajando, de lo que se trata es la Base de Datos de NUESTROS Cliente$.

EL Marketing con Bases de Datos, DBM Database Marketing, procura segmentar la base de datos de nuestros Clientes y hacerles llegar a cada segmento las propuestas más promisorias.

Si compran alimentos para perros, ofertas de alimentos, correas para perros, cuchas para perros, "huesos" para que jueguen los cachorros... Y otro tanto, pero diferente, para los que tienen gatos.

El CRM es algo distinto, CRM *Customer Relationship Management*, Gerenciamiento de las Relaciones con los Cliente$, es una etapa posterior del uso de la información de los Cliente$ que están en nuestra Base de Datos.

El CRM se ocupa del desarrollo de las Relaciones, del vínculo, con cada Cliente.

Parte de la premisa, ampliamente demostrada, es que los Cliente$ que se sienten reconocidos, atendidos de acuerdo a sus necesidades específicas, nos seguirán comprando sin mayor interés de pasar a un competidor y recorrer nuevamente el largo y arduo proceso del aprendizaje mutuo.

CRM es una Estrategia de Negocios, que debe constituirse en una diferenciación competitiva muy importante.

3.17. Marketing de Permiso

Como proveedores, tenemos la enorme responsabilidad de custodiar y respetar la información que cada uno de nuestros Cliente$ nos ha permitido recopilar con el único objetivo de atenderlo mejor y no molestarlo con propuestas sin interés para él y que insumirían parte de su valioso tiempo personal.

En estos tiempos en que el Spam nos abruma; cada vez que abrimos nuestro e-mail aparecen muchos, pero muchos más mensajes de emisores desconocidos con propuestas absolutamente sin interés, y cuya eliminación nos lleva demasiado tiempo ¿cómo hacemos para que nuestro Cliente abra nuestro mensaje y no lo elimine prematuramente?

En este punto es donde la "personalización" y la "relevancia" obtienen su mayor importancia. Solo con comunicación relevante para cada uno de ellos, podemos llegar a conseguir que espere con cierto interés nuestros mensajes cada vez que decida abrir su correo electrónico –pudiendo nosotros medir ese "interés" en Open Rates o Tasa de Apertura–, leer nuestro blog o interiorizarse en una promoción para descargarse un código QR o *scanear* una oportunidad.

Este Marketing de Permiso (*"Permission Marketing"*, de Seth Godin. Simon & Schuster 1999) indicaba que era conveniente que cada Cliente al completar su formulario de adhesión a nuestro Programa de Fidelización manifestara que no quería recibir información de nosotros. A esto se llama "Optar por Salir" o en inglés *Opt Out*.

Hoy en día esto no es suficiente, se requiere que los Cliente$ manifiesten por escrito que SÍ desean recibir información de nosotros en forma fehaciente, relevante para ellos; es el "Optar a Entrar" o *Opt In*. El Programa CLUB LA NACIÓN se ejecuta con mucha precisión y los eventuales mensajes vienen precedidos de la leyenda "Usted que nos autorizó a comunicarnos con usted". Recientemente un Banco de primera línea recibió un fallo judicial adverso por supuestamente no haber respetado la intimidad de uno de sus Cliente$... con una inadecuada utilización de su base de datos.

¡Ni que hablar de la venta de nuestras bases de datos a terceros!

Esto hoy no se debe hacer bajo ningún concepto. La información es para atender mejor a nuestros Cliente$. Si queremos hacer una acción con un tercero que puede ofrecerle algo de su interés específico a uno de nuestros Cliente$, tendremos que tener su conformidad previa antes de enviarle información personalizada alguna.

Este tema ha tomado una importancia extrema. No pocos legisladores en los Estados Unidos de Norteamérica y en otras partes del mundo, se sienten cada vez más compelidos a legislar para regular el uso de la información de las bases de datos, para preservar a las personas involucradas y su privacidad, y para las empresas que utilizan sus bases de datos esto se puede convertir en una seria limitación respecto a su uso. Se habla de un Marketing Ético, que es el que respeta esta "propiedad" de la información, que es de los usuarios. En Chicago en la reciente CRM Conference, un dúo de HOME DEPOT con GOOGLE, se ocuparon del tema

Y ahora en la PostPandemia del CoronaVirus esto se vuelve aún más restrictivo y necesario de limitar.

3.18. Resultados

Todo esto se hace para ganar más dinero y conseguir una rentabilidad sustentable de nuestro negocio. Veamos algunos resultados.

- DISCO PLUS logró que aproximadamente el 70% de las transacciones sean atribuibles a cada Cliente en particular a poco tiempo de haber iniciado el mismo.
- Los tickets llegaron a ser por un importe 300% superior a los de un Cliente "no fidelizado", el que no proporcionó sus datos a cambio de una tarjeta de pertenencia al Programa de Fidelización. Esto significa tres veces menos decisiones de compra, disminuyendo el riesgo de optar por la competencia.

- Es bastante común obtener una <u>tasa de respuesta</u> del 1 al 3% en mailings físicos o virtuales con una base de datos comprada. Ahora por tratarse de propuestas específicas a Cliente$ específicos es comprensible que en el Marketing de Fidelización las respuestas aumenten <u>para llegar al 20 y hasta el 60%</u>.

- El <u>ROI</u>, retorno sobre la inversión, de las acciones para VENDER MÁS de un Programa de Fidelización, son altísimos, del orden del <u>300 al 400%</u>.

- El ROI se calcula poniendo en el numerador la contribución adicional neta generada por las mayores ventas obtenidas (vs. los grupos de control) divididas por el costo de dicha acción (costo del envío/implementación más los eventuales descuentos).

- El <u>cross traffic</u>, es lograr mediante un Programa tipo Club (TRAVELPASS) que los Cliente$ visiten la mayor cantidad de cadenas no competitivas y con las cuales hemos generado acciones de co-branding para comprar y acumular puntos. Aquí los resultados solo serán significativos si cada comercio participante hace saber a sus Cliente$ que es miembro de esa alianza estratégica. No se da por sí solo y habrá que impulsar su frecuencia de uso por parte de los consumidores. La Cadena de Farmacias RITE-AID del Canadá acaba de sustituir su pertenencia al programa Club AIR MILES por uno propio WELLNESS...

3.19. TRES CASOS INTERNACIONALES PARADIGMÁTICOS

Estos casos son ilustrativos de "las mejores prácticas" en el rubro Programas de Fidelización. Las vamos a resumir y para un desarrollo más completo le sugerimos consultar la siguiente página:

www.crecerenclientes.com.ar

Caso DÍA %, Hard Discount de España

DÍA % una cadena de Supermercados de Descuentos y de Proximidad, inició su Programa de Fidelización en España en 1997 y llegaron rápidamente a tener 2.500 comercios, lo que es mucho de acuerdo a la población y superficie de ese país. Mientras que en la Argentina, Día es la cadena con más sucursales con por lo menos 400 tiendas en Buenos Aires y más de 950 a nivel nacional. La modalidad de "hard discount" se basa en una estrategia de posicionamiento competitivo de precios aún más bajos que los hipermercados y gran cercanía con sus Cliente$.

Los locales tienen una superficie de solo 80 a 200 m2 (un supermercado suele tener 1000 m2 o más). El surtido es de productos de primera necesidad: alimentos y bebidas, limpieza e higiene y tocador, pero tienen solo 800/1000 SKU *stock keeping units,* artículos, cuando en un supermercado superan los 10.000.

El énfasis está en la productividad y los bajos costos.

Su sistema de comunicación está compuesto por folletos impresos con + 400 ofertas de precios en sus sucursales físicas, promociones que publican en su web corporativa (www.diaonline. supermercadosdia.com.ar), cupones de descuento que publican en su app "Club DÍA" a principios de mes y posteos en sus cuentas de redes sociales.

Entonces el Programa de Fidelización DÍA %, en línea con su posicionamiento, ofrece como beneficio a sus Clientas precios diferenciales, más bajos. A esto se llama *tiered pricing,* precios escalonados.

Ofrecen una tarjeta de pertenencia "grande" (del tamaño habitual) y dos "pequeñas", para los llaveros, para asegurarse de que las Clienta$ españolas y su grupo familiar siempre las muestren cuando hacen sus compras.

La comunicación en el lanzamiento del programa se realizó en los puntos de venta y en los folletos donde continúan comunicando los dos precios: el regular y el más bajo para sus Clienta$ fidelizadas. Un 20% de los productos, que van rotando, tienen precios más bajos, diferenciales solo para las participantes del Programa.

El 80% de las Ventas de DÍA % es a Clienta$ fidelizadas.

La información es utilizada no solo por el Departamento de Marketing, sino por el Departamento Inmobiliario para determinar nuevas localizaciones.

El objetivo del Programa es fomentar una mayor frecuencia de visitas.

En cada compra emiten cupones personalizados válidos en la próxima visita. Las ofertas se determinan de acuerdo a las compras históricas acumuladas de cada Clienta, no en función de lo que compró en esta última visita (como sí ocurre en sus sucursales en Argentina).

Otro punto destacado por su ex CEO en Argentina, Antonio Coto en un reciente Encuentro Nacional Retail, es que dentro de su estrategia de fidelización en Argentina han incorporado también a las "Expertas en Ahorros" y en 2013 y 2014 las han utilizado como máximo elemento diferenciador y lo han vuelto a hacer recientemente.

Este Programa demuestra que retailers/comercios de muy bajos márgenes también pueden implementar un Programa de Fidelización exitoso.

Caso BOOTS THE CHEMIST
Cadena de farmacias de Gran Bretaña

BOOTS UK Limited, que se comercializa como Boots y era originalmente conocida como BOOTS THE CHEMIST es una cadena de farmacias y minoristas de salud y belleza en el Reino Unido y otros países y territorios, incluidos Irlanda, Noruega, los Países Bajos y Tailandia.

Solo en el Reino Unido tiene más de 1.400 comercios y detenta el 27% del mercado y es el líder en su categoría.

También en 1997 lanzaron su BOOT'S ADVANTAGE CARD, un Programa de Puntos, dirigido especialmente a sus Clienta$ núcleo: un target segmentado en mujeres de 20 a 45 años.

La propuesta es "Verse y sentirse (muy) bien"

Con 9,5 millones de tarjetas inteligentes con chip, es el programa número 1 en el Reino Unido. Este Programa les permite conocer mejor a sus Clienta$ más valiosas y hacerles propuestas específicas. Seguramente se estará preguntando cómo funciona este programa. A la entrada de un local de la cadena BOOTS, Ms Mary, la Clienta (es para indicar la "diferencia" con Doña María...) introduce su tarjeta en un kiosco interactivo que le emite un cupón personalizado con ofertas específicas para esa compra que está por iniciar.

Para segmentar la base de datos de sus Clienta$ utilizan el Valor Monetario, la información de qué Productos compran, su Ciclo de vida y hasta distinguen cuándo está por comprar cerca de la oficina o de su casa particular.

En el 2012, WALGREENS –su mayor competidor mundial– compró el 45% de participación de Alliance Boots, con la opción de adquirir el resto en los próximos tres años. En el 2014 ejerció este derecho y como resultado BOOTS se convirtió en una subsidiaria de la nueva compañía WALGREENS-BOOTS ALLIANCE.

Si bien esta cadena incorporó hace un par de años su propio programa de Relacionamiento con SUS Clientes, una hipótesis podría ser que esta integración obedezca también a capitalizar el enorme know how de BOOTS en el tema Fidelización.

Caso TESCO
Cadena de Supermercados de Gran Bretaña

Esta cadena de supermercados británica era la Nro. 2 hasta que pudo superar a SAINSBURY'S –hoy la segunda cadena más grande de supermercados en el Reino Unido– con su Programa TESCO'S CLUB CARD que lanzó en 1995.

Se definen como un "gigante con foco láser", tan bien llegan a conocer a cada una de sus Clienta$. Un año después, en 1996, su CEO declaró "ya no creemos más en el Marketing Masivo" y volcó todo su presupuesto de comunicaciones de los medios masivos a las comunicaciones relacionales. Logran captar el 85% de las ventas relacionadas con cada Cliente en particular.

El Programa es por puntos.

El objetivo es incrementar el Valor de por Vida de sus Cliente$, ya que les permite entender mejor a sus Cliente$ y comunicar Valor a cada uno específicamente. Hoy la relación es tan íntima y su credibilidad tan grande, que les permite ofrecerles servicios financieros, préstamos, seguros de vida y retiro, y se han convertido en el agente de viajes Nro. 1 de Gran Bretaña...

Cada tres meses envían el informe de puntos acumulados a sus Cliente$, pero en 150.000 variantes diferentes según los puntos acumulados y en qué pueden ser canjeados de acuerdo a las preferencias de cada Cliente.

Han podido abrir exitosamente el Club de los Bebés y el de Mascotas. Editan una revista de lujo, la *Club Card Magazine*, que va precedida de cartas personalizadas donde recalcan "Mrs. Smith, en la página XYZ encontrará una oferta de su interés particular". Los proveedores tienen acceso a la base de datos de Cliente$, pero no a sus nombres, para mediante simulaciones poder ajustar propuestas que luego discutirán con su comprador en TESCO.

Este Programa de Fidelización / Relacionamiento tiene la reputación de ser "el mejor" a nivel mundial, y es actualizado constantemente

3.20. MARKETING RELACIONAL APLICADO A EMPRESAS *"B2B"*

Hemos querido intercalar el Marketing de Relacionamiento de Empresas o Particulares que venden a Empresas en esta parte del Libro, ya que comenzamos con Empresas que venden a consumidores finales, por el solo hecho de que por lo general no tienen bases de datos de sus Cliente$ y consecuentemente deben construirlas previamente.

Siempre habrá detalles del Marketing *"B2C"* aplicables al *"B2B"*. Los que venden a empresas siempre tienen los datos de cada empresa Cliente y cada transacción realizada con las mismas es almacenada y resguardada.

Para este tema, para el marco conceptual, seguimos parcialmente la propuesta que hacen Peppers y Rogers en su Libro *ONE TO ONE, B2B. Customer Development Strategies for the Business-to-Business World*, Don Peppers y Martha Rogers, PhD. Doubleday, 2001, y la ampliamos con nuestros propios conceptos y ejemplos.

El objetivo es que cada empresa *"B2B"* cambie su orientación tradicional con foco en sus Productos o Servicios, por una nueva orientación a SUS Cliente$.

En cada empresa se le vende al Gerente de Compras y además y fundamentalmente a los Usuarios, sus Jefes y a los Gerentes.

Determinar y precisar quiénes deciden, influyen, opinan, se hace imprescindible en estas Ventas Complejas.

Las Relaciones con cada Cliente podrán transitar una escala ascendente evolucionando desde/hacia:

- Una Relación de Mantenimiento, puramente inercial; nos Compran, les Vendemos.
- Referenciamiento; les piden Referencias nuestras, las dan.
- Participación; somos socios estratégicos; nos prefieren como proveedores.
- Evangelización; su soporte se convierte en espontáneo e hiperactivo; nos alaban.

El Valor de por Vida de nuestros Clientes *"B2B"* es función de la calidad de las Relaciones involucradas. El camino es escalar las Relaciones Post-Ventas.

Gerenciar estas Cuentas significa construir Relaciones y aprender cada vez más de cada Cliente en particular, llegando a la Customización de nuestros Productos y Servicios. En este camino, las nuevas tecnologías son grandes facilitadoras.

La planificación de la transición debe ser permanente. No es un "destino"; es un "camino", que toda nuestra Empresa debe transitar conjuntamente.

Hay que estar adelante en este tránsito para concretar la Retención de los Cliente$, especialmente de los Mejores Cliente$ (ya habremos determinado cómo es el mecanismo de decisión de Compra de cada Cliente y a qué personas fidelizar en los Cliente$ Principales). Esto puede convertirse en una Ventaja Competitiva sustentable.

Es una buena Práctica Comercial, además, fomentar el desarrollo de Relaciones por parte de todos nuestros colaboradores que están en contacto con Cliente$ (vendedores, administración de ventas, depósito, camioneros que entregan la mercadería y hasta la telefonista del conmutador central...). Simultáneamente debemos asegurar su coordinación.

Las Relaciones con el Cliente se deben optimizar en todos los "Puntos de Contacto". Cuando se vende a empresas habitualmente se tienen "pocos" Cliente$ y las posibilidades de incorporar nuevos Cliente$ importantes generalmente se van haciendo menores a medida que pasa el tiempo. Pero tenemos lo más valioso, a los CLIENTE$. Entonces podemos "desarrollar" las cuentas que atendemos ofreciendo nuevos Productos o Servicios propios o de terceros. ¿Cómo? Profundizando la confianza en la Relación que nos permita conocer y anticiparnos a las posibles necesidades de Productos y Servicios.

Debemos tener muy presente que no vendemos a empresas, ni sociedades. Siempre se vende a personas. Aparece un nuevo rol del vendedor. Ya no basta con que cumpla sus cuotas de venta, los presupuestos. Tendrá que ser además un "Constructor de Relaciones". Esto determina capacitación, quizás un nuevo perfil para los vendedores que vayamos incorporando, un sistema de remuneración (quizás inicialmente con una sola variable) que tenga en cuenta el cumplimiento de esta nueva función: vender y construir Relaciones ¿o será en orden inverso?

Internet está teniendo un gran impacto en las Relaciones de las Empresas *"B2B"*. Aparecen las "subastas invertidas" en que los compradores se unen, aun los más antagónicos como las terminales de automóviles en los Estados Unidos para conseguir mejores cotizaciones de fletes de los camiones "mosquito" que transportan las unidades de las fábricas / terminales a los concesionarios. Y también el concepto de "plataformas" que digitalmente unen demanda con oferta igualando oportunidades, en marcos seguros (generalmente vía *blockchain*) y con opciones de *pricing*.

Esto significa que los márgenes de los proveedores irán disminuyendo al transparentarse las transacciones. Los vendedores llegan directamente a los usuarios, pasando "por encima" de los Gerentes de Compra... Hay un ahorro de tiempo en los pedidos on line; se puede brindar soporte técnico las 24 hs.; cada Cliente puede hacer el seguimiento de sus pedidos directamente...

La Relación con el Cliente se ve reforzada por una "memoria electrónica perfecta". Nosotros como "agente Confiable" de nuestros Cliente$ conoceremos SUS necesidades, y "todo" de la Industria en la que actúa y también de sus competidores. A mayor información que vamos obteniendo de las comunicaciones interactivas, nuestras Relaciones se perfeccionan.

¿Qué Cliente va a querer repetir todo este proceso de aprendizaje con otro proveedor? Podremos atenderlo mejor con lo que paulatinamente vamos aprendiendo. Nuestro objetivo será agrandar la participación en cada Cuenta, desplazando a la competencia. Maximizar el Valor de por Vida de cada uno de nuestros Cliente$, está en línea con maximizar el valor de la Empresa para nuestros Dueños/Accionistas.

En el Marketing *"B2C"* cada consumidor decide qué comprar y dónde. En el *"B2B"* unos pocos deciden negocios por cientos de miles o quizá millones de pesos/dólares. Se trata de "sistematizar" lo que intuitivamente se está haciendo, diseñando una Estrategia de Fidelización *"B2B"*, que involucre a toda la Empresa.

En el *"B2B"* el Marketing Masivo no tiene mucho sentido; es terreno propicio para el Marketing Relacional.

Como ya mencionamos, empresas *"B2B"* como UNILEVER, DANONE, PROCTER & GAMBLE, NESTLÉ, y otras que venden a la intermediación comercial (mayoristas, distribuidores, minoristas) están implementando un esquema *"B2B2C"* para sus Productos y un *"B2C"* para la Comunicación Relacional con las Usuarias/Clienta$ Finales de sus marcas. Esto determina que trabajan con Marketing de Relacionamiento a dos niveles: Con la Cadena Comercial y <u>directamente</u> con las usuarias de sus Productos. Nos atrevemos a afirmar que esto es una tendencia, que empresas mucho menores están tratando de replicar, en los rubros alimenticios, ropa, medicamentos, etc.

Siguiendo con el impacto de Internet en el Marketing de Fidelización de las empresas *"B2B"*, nos permite coincidir con que tener un sitio de e-commerce es tan esencial como tener un celular. Hoy todavía el "velo de las comunicaciones imperfectas" permite tener precios no del todo transparentes, pero la transparencia de los costos será "creciente, implacable, definitiva", y lo que nos queda es el CRM.

En los sitios web de estas Empresas B2B es recomendable no reproducir simplemente el Catálogo de Productos y Precios. En este sentido se debe privilegiar ofrecer mucha información específica del sector de productos o servicios al que se pertenece; promover los foros de discusión entre Cliente$; dar consejos, hasta consultoría on line e incluir un chatbot, si se pudiera, para agilizar posibles consultas y a modo de orientación. El fin: convertirnos en un destino "de alto valor agregado" organizando el sitio alrededor de las necesidades de nuestros Cliente$.

Si no estamos enteramente conformes con nuestro sistema de distribución, por ahora no los dejemos afuera en nuestros esfuerzos por comunicarnos directamente con los usuarios finales; procuremos desarrollar relaciones win-win-win en que se beneficien los consumidores, el comercio intermediario y nosotros los fabricantes/proveedores.

Esta transición de la Centralidad en los Productos y Servicios a la Centralidad de los Cliente$ requiere cambios organizacionales y culturales. Quizás requiera un Gerente de Cambio/Transformación Cultural o un Gerente de Experiencia que agrupe no solo la experiencia interna sino también todos los procesos que sean puntos de contactos y generen una experiencia externa.

Estamos hablando del desarrollo de una ventaja competitiva sustentable.

Don Peppers y Martha Rogers, PhD concluyen, y nosotros solo podemos estar totalmente de acuerdo con ellos y nos permitimos transcribir textualmente:

"En la actual Economía Real, con costos cada vez más transparentes y con Cliente$ que nos pueden abandonar "con un click", la única Estrategia posible es desarrollar Relaciones con los Cliente$; Relaciones sanas, rentables y a largo plazo. Excelentes Relaciones 1 a 1 constituirán la diferencia entre el éxito y el fracaso".

3.21. Recursos Humanos
Habilitadores del cambio en LA EXPERIENCIA

Si hablamos de que las relaciones y los vínculos hacen la diferencia entre una verdadera experiencia del Cliente (Cx) versus otra, entonces el rol del recurso humano es clave. Esto significa que sus propios recursos, entendiendo empleados y colaboradores, son el núcleo en donde se debe iniciar la "Experiencia de Marca".

Debido a que la experiencia del empleado (Ex) es el combustible de la experiencia del Cliente (Cx), tiene sentido entonces crear una mejor vivencia para la fuerza laboral al espejar sus interacciones con los consumidores y potenciales Cliente$.

¿Existe una receta mágica para mejorar la experiencia de sus propios recursos/talentos/asociados? La respuesta podría ser desalentadora, pero, en su lugar, podríamos referirnos a ciertos patrones de interacción social que pueden asegurarnos este objetivo.

Según Alex "Sandy" Pentland, autor de *Social Physics*, científico informático estadounidense, profesor en el MIT y emprendedor serial.

Los equipos exitosos comparten varias características definitorias:

- Todos en el equipo **hablan y escuchan** en la misma medida, manteniendo las contribuciones cortas.
- Los miembros se enfrentan entre sí y sus **conversaciones y gestos son enérgicos**.
- Los miembros se **conectan directamente entre sí**, no solo con el líder del equipo.
- Los miembros mantienen **conversaciones secundarias** dentro del equipo.
- Los miembros **descansan periódicamente**, exploran fuera del equipo y devuelven información.

Asimismo, a través del análisis de datos de sus múltiples investigaciones con biométricas sociales descubrió que existen tres dimensiones de la comunicación que catapultan a los equipos exitosos:

1. la energía
2. el compromiso o "engagement"
3. y la exploración.

Esta última implica la comunicación en la que los miembros participan fuera de su equipo. La "exploración" es esencialmente la energía entre un equipo y los otros equipos con los que interactúa.

Si tenemos en cuenta estas características que definirían a los equipos con mejor performance, sin duda, sus propios empleados deberán ser los primeros en "explorar" la experiencia de Marca: desde conocer los productos y servicios en profundidad antes de su lanzamiento y testearlos hasta visualizar las campañas de branding y estrategia para ponerlos en el mercado. Solo así, consiguiendo primero su "engagement" y su más profundo conocimiento, podrá asegurar que trasladen como Embajadores ese mismo "sentimiento" a cada uno de los consumidores con los que interactúen para convertirlos en Cliente$ y fidelizarlos.

Grandes volúmenes de datos, apoyados por la Inteligencia Artificial (IA), la Ciencia de Datos y el Análisis Predictivo hacen más fácil aprender más sobre nuestras propias audiencias internas (Empleados) y externas (Cliente$), llevando experiencias hiper-personalizadas. La tecnología, la IA y la automatización hacen el trabajo duro de la comercialización más fácil, dejándonos enfocar en el pensamiento estratégico y creando una "nueva realidad" memorable. Una realidad que suma el toque humano en el Marketing como esencial. Y en donde la tecnología es el complemento que Aumenta la Inteligencia del ser humano, nuestros recursos, para crear esos momentos que conseguirán Fidelizar y Retener a nuestros Cliente$.

Cuando los empleados están comprometidos, están muy involucrados y entusiasmados con su trabajo; esto impulsa el rendimiento y la innovación y hace avanzar a las organizaciones.

Diariamente empresarios, especialmente de las Empresas que venden directamente al público, nos dicen que la Motivación de sus colaboradores es uno de sus desafíos más importantes y nos piden ayudarles a desarrollar alternativas.

Queremos que nuestro personal, "nuestros asociados" como los llama WALMART y HOME DEPOT, brinden el mejor servicio posible a los Cliente$.

Específicamente en el tema que nos ocupa, el Programa de Fidelización de Clientes/CRM, deben desempeñar dos tareas específicas:

- Lograr que la mayor cantidad de Cliente$ se inscriban en el Programa y obtengan su tarjeta (física o digital) de Pertenencia al Programa.
- Que se identifiquen y la utilicen en cada compra que realizan, para posibilitar a la empresa recopilar esta información en su Base de Datos relacional.

Más recientemente ante la pregunta de cómo individualizar a los Cliente$ que pertenecen a nuestro Programa de Fidelización cuando ingresan a uno de nuestros locales de venta o acuden a nuestro sitio Web en Internet, se nos indicó que si están satisfechos, ellos mismos se encargarán de individualizarse para no perder los eventuales beneficios correspondientes a dicha interacción con nosotros.

Respecto a cómo motivar a nuestros colaboradores, nuestra conclusión, casi siempre generalizable, es:

- Enseñanza 1: Diseñar incentivos grupales que fomenten el trabajo en equipo de cada sucursal/local.
- Enseñanza 2: Si el programa de Fidelización es parte de la Estrategia de Diferenciación Competitiva y es tan importante, convirtamos esto en un "factor no negociable".

¿Cómo se podrá medir la performance relativa para la consigna "solicitar la tarjeta de pertenencia/fidelización"? El sistema informático nos indicará qué % de los tickets o de sus importes fue de Cliente$ que se registraron como miembros del Programa de Fidelización con respecto al total. Esto se puede obtener para cada colaborador que atiende a los consumidores, mozo o servicio de atención.

3.22. LAS MÉTRICAS DE LA FIDELIZACIÓN Y DEL CRM

¿Cuál es el sistema de medición de un Programa de Fidelización/CRM?

Hay parámetros cuantitativos y cualitativos.

Recordemos los objetivos de este tipo de Programas: **fidelizar, retener, vender más, y clonar logrando la recomendación espontánea.**

- Retener Cliente$ se mide por la pérdida de Cliente$, por nuestra incapacidad de retenerlos; esperando lograr quedarnos a los mejores. En nuestra base de datos podremos hacer el seguimiento pertinente. Brian Woolf, el máximo experto en Programas de Fidelización de Cadenas Comerciales, llama a este informe "bañadera" (los Cliente$ que se van por el resumidero cuando el tapón no está bien apoyado y los que entran por las canillas... deberían hacer que el nivel de la bañadera suba...).

- El incremento de ingresos se obtiene comparando los ingresos en un nuevo período vs. el período anterior.

- El incremento de rentabilidad al que se llega restando a los ingresos los costos directos.

- Ahorro de gastos. Con rentabilidades decrecientes el ahorro de gastos es un objetivo permanente, pero también se produce un gran ahorro por reemplazar los esfuerzos masivos por acciones directas.

En muchos casos la máxima justificación para encarar el Marketing de Fidelización no es por las mayores ganancias, sino predominantemente por los ahorros, al reemplazarse acciones masivas de escasa rentabilidad por acciones directas, que apuntan a Cliente$ específicos y consecuentemente tienen un menor costo unitario.

- ROI, Retorno sobre la Inversión, es la medida del incremento de ganancia vs. inversiones, costos y gastos del período analizado vs. el de los períodos anteriores.
- ROI de cada acción en particular, es lo más inmediato y específico ya que vincula los resultados de las ventas incrementales inmediatas y las acumuladas vs. los costos de cada acción (costo de los estímulos y de la comunicación con cada Cliente involucrado). Se utilizan Grupos de Control.

La conclusión es que cada uno debe tomar de estas métricas las aplicables para su propio Programa y agregar los temas y parámetros de su interés particular.

3.23. Factores de Éxito

Vamos a analizar ocho factores de éxito de un Programa de Fidelización/CRM y además agregar los ejemplos/casos más pertinentes.

Téngalos muy en cuenta al desarrollar e implementar SU Programa.

¡Buena parte de su éxito dependerá de ello!

1. El apoyo de la Dirección

La Fidelización es una Estrategia de Posicionamiento Competitivo.

No es una campaña más del equipo de Marketing o Experiencia del Cliente.

<u>Es algo estratégico que va a comprometer a toda la organización ya que las Relaciones, y por ende su cuidado y fortalecimiento, se tejen de adentro hacia afuera:</u>

¡Construir, consolidar y hacer crecer las Relaciones con los Cliente$ es trabajo de todos! Entonces debe quedar en claro a todos que esto es algo que cuenta con el apoyo total del No. 1.

2. Nombrar un responsable

Las oportunidades y la importancia del tema hacen necesario, imprescindible de ser posible, que se nombre un responsable del Programa de Fidelización/CRM que dependa del No. 1 directamente, que tenga predicamento en el resto de la Organización y que su dedicación sea a tiempo completo. Muchas veces alguien que conozca la cultura y el negocio de la empresa resulta la mejor opción.

3. El rol de Marketing y Sistemas

El Marketing se está volviendo cada vez más digital, y los especialistas en Marketing están llegando a su audiencia a través de la tecnología. Los elementos básicos de los desarrolladores, como la automatización de informes y la integración de Slack, solo por mencionar una plataforma, pueden transformar el Marketing desde un punto de vista operativo. Hay muchas herramientas de automatización disponibles, pero a menudo se necesita personalización, ahí es donde el talento tecnológico puede colaborar y ayudar.

Por esta razón, entre otras, está claro que deben trabajar juntos, codo a codo, pero los que saben de Cliente$ son los de Marketing. Es ahí donde deben entonces poner su foco: **reevaluando sistemas integrales que personalicen la experiencia del Cliente,** capaciten a los empleados y permitan a los vendedores co-crear ideas convincentes que atraigan, deleiten y retengan a los Cliente$.

Frederick Newell en su último libro: *Why CRM Doesn't Work*, (*Por qué el CRM no funciona*), Bloomberg Press, 2003, menciona como una de las causas principales cuando se decide comprar una solución de CRM, por indicación del área de Sistemas o Tecnología, antes de haberse definido las características y requerimientos del Programa de Fidelización y de los requerimientos y alcance no solo pensando en el hoy sino también a futuro.

4. La adhesión del personal

Serán "los protagonistas" frente a los Cliente$.
Esto se convierte en un factor clave. Ver 3.21.

5. Innovación permanente

Debemos evitar los "derechos adquiridos" que pueden presuponer los Cliente$.

Si les estamos obsequiando un ¼ Kg. de helado por cada Kg. que nos compran para delivery o en el mostrador, en el Programa CHUNGO VIP, después de dos meses de vigencia cambiamos el beneficio por copas coleccionables para servir helados. También debemos sorprender a los Cliente$ incorporando novedades no esperadas. Es lo que determinará que utilicen su membresía al Programa al momento de hacer una nueva compra (debemos lograr que vean como "aburridas" o poco interesantes sus otras tarjetas o programas de pertenencia).

6. Medir el ROI de cada acción

Hemos repetido reiteradamente que todas las acciones en el Marketing Directo son medibles. Llegó el momento de medirlas y compartir internamente los resultados que vamos obteniendo. Debemos propiciar el aprendizaje colectivo de todos en la empresa.

7. Desarrollar una Estrategia de Salida

Puede ocurrir que, pese a todas las alabanzas en que incurrimos al explicar este tipo de Programas, más adelante pretenderemos discontinuarlo... ¿Por qué no prever esta contingencia en la etapa de planificación en la que estamos?

Puede suceder que se termine antagonizando a los Cliente$ en lugar de Fidelizarlos y por lo tanto deberá preverse, desde la duración/vigencia de los puntos, pasando por "la empresa se reserva el derecho a discontinuar este Programa", hasta tener muy en claro cómo se va a salir de la obligación con nuestros Cliente$, sin antagonizarlos.

8. Obtener resultados "inmediatos"

En un marco de alta volatilidad donde las economías suelen ser inestables es imprescindible, entonces, estructurar muy bien el Programa de Fidelización previo a su lanzamiento. Sobre todo, identificando cuáles serán las dos o tres métricas claves a alcanzar en el corto plazo.

Resultados rápidos, inmediatos, nos van a convencer en primer lugar a nosotros mismos de que lo propuesto "funciona"; también iremos convenciendo a nuestros colegas/pares que pueden estar esperando un error/tropiezo; nuestros colaboradores irán ganando confianza en esta nueva Estrategia Competitiva y finalmente, quizá lo más importante, le daremos argumentos a nuestro jefe para que ante el primer cimbronazo de las ventas/de la rentabilidad no discontinúe el Programa.

3.24. Acciones para VENDER MÁS

Habíamos dicho que el único objetivo de un Programa de Fidelización es incrementar la rentabilidad, las ganancias de un Emprendimiento, ¡el SUYO! Esto se obtiene vendiendo más rentablemente.

Veremos ocho acciones posibles, aunque la primera no es para VENDER MÁS ya.

1. Por pertenencia

Siempre se trata de fomentar/premiar las acciones deseadas de los Cliente$.

¿Por qué no celebrar con ellos el hecho de que nos han elegido a nosotros para poder atenderlos/servirlos?

Esto es exactamente lo que perseguimos cuando los queremos saludar en su cumpleaños y ofrecerle un beneficio (acción escalonada a lo largo del año) o para las fiestas de fin de año (acción concentrada).

Las atenciones no tienen que ser costosas; es más importante que sean personalizadas.

Un importante Banco tenía la costumbre de enviar un CD a sus Cliente$ más importantes, a todos el mismo. ¿Por qué no averiguar e incorporar a la base de datos sus gustos musicales personales? En NUEVAS MANUFACTURAS, fabricante de los accesorios sanitarios DUKE, estaban preocupados por si los vendedores hacían preguntas de este tipo, para diseñar un sistema de regalos personalizados, estarían dando indicios anticipados de los futuros regalos... para las Fiestas de Fin de Año.

Así podríamos seguir, pero para sus cumpleaños y para las fiestas, hasta el Cliente más solitario recibe saludos de familiares y amigos. ¿Por qué no determinar una fecha alternativa en la que evitamos la "polución" de saludos y regalos para diferenciarnos?

¿Por qué no buscamos en nuestra base de datos la fecha en qué nos hizo su primer pedido, o en qué momento inició un tratamiento, o cuándo se anotó en el Programa de Fidelización? O sino lo hacemos en el cumpleaños de nuestra empresa.

2. Más de lo mismo

Si alguien nos compró desde una camisa, a un medicamento recetado para enfermedades crónicas, hasta jugos CLIGHT, etc. ¿por qué insistir con medios masivos? Podemos recurrir a nuestras bases de datos e informarle específicamente las razones por las cuales "le conviene seguir comprando nuestra marca, en nuestro comercio", etc.

Un Cliente satisfecho es el mejor Cliente potencial para repetir una compra con nosotros y Recomendarnos espontáneamente.

Solo nosotros (si tenemos una base de datos bien instrumentada) sabremos que al Cliente X le gusta el vino, porque compra habitualmente; pero además sabremos que compra vino tinto, varietal Cabernet Sauvignon, de tal o cual marca. Podremos ofrecerle una caja x 6 y sus decisiones de qué y dónde comprar se habrán reducido (habrá comprado 6 botellas en vez de una más), evitando una posible defección y quizá logrando que aumente su volumen de compras porque decidió regalar alguna.

En negocios textiles, y esto es aplicable a otros rubros, si alguien nos compró un traje en verano, ¿cuán grandes serán las probabilidades de que necesite un traje en el próximo invierno? No todo tiene que ser descuentos y regalos. Podemos organizar (YVES SAINT LAURENT) para los mejores Cliente$ que compran a precio pleno un evento sin cargo consistente en un Pre-Show de la nueva Colección de temporada ya sea físico o digital. Podrán elegir la indumentaria en todos los talles y colores y ser los primeros en acceder a la misma y lucir las novedades.

Para los que compran habitualmente durante las liquidaciones podemos organizar una Pre-Liquidación. Cerraremos nuestro local a las 6 pm, aunque estemos en un shopping. El costo será la invitación y el catering que podremos conseguir por alguna iniciativa de co-branding con otra marca... Cuál será la sorpresa y reconocimiento de nuestros principales Cliente$ por haber sido ellos elegidos... ¡y nos comprarán con toda seguridad!

3. Venta cruzada

Si nos compra productos de almacén de baja rentabilidad ¿por qué no inducirlo a que compre en sectores de mayor rentabilidad? Si compró un saco y no nos compró un pantalón; si compró un televisor y nunca nos compró un home theater.

En gastronomía las oportunidades son casi ilimitadas. Con la Cadena de Restaurantes Parrilla LA CABALLERIZA trabajamos en recordar la mesa y el mozo o camareras preferidas. Podíamos saber si el agua iba a ser con o sin gas y hasta con o sin hielo (anotación no automática). Desde ya el punto de cocción de la carne (ídem), el vino preferido y si debíamos inducirlo a que pidiera postre.

Sin necesidad de una compleja minería de datos, podremos ubicar en nuestra base de datos a Cliente$ con un gran potencial de compras y de incremento de su ticket promedio desaprovechado por nosotros.

Como ya dijimos, nuestro objetivo para nuestros Cliente$ satisfechos es que no consuman más cantidad de un mismo producto, sino que todas las compras sean de nuestra marca o adquiridos en nuestro local de ventas o red.

En el mundo inicialmente cuatro mega empresas globales de consumo masivo que no llegan con su distribución a sus consumidores, han definido como sus estrategias establecer un vínculo directo con los compradores de sus productos. Ellas son UNILEVER, DANONE, PROCTER & GAMBLE y NESTLÉ, justamente con el fin de fidelizarlos y lograr más ventas de los mismos productos, ventas cruzadas, y enterarlos de novedades y propuestas a través de la tecnología: desde revistas digitales interactivas con videos y tutoriales hasta aplicaciones para pruebas virtuales y videochat.

4. Retención de Clientes

¿Recuerdan los números mágicos? Decíamos que si no se hace nada, **se puede perder en promedio un 20% de los Cliente$ por año.** ¿Y cuando la R de Recencia, superaba la F de Frecuencia? Debíamos iniciar acciones de Prevención de Pérdida o de

Recuperación de Cliente$. Retener a nuestros Cliente$, especialmente a los mejores, es esencial cuando se trata de un Programa de Fidelización.

Cada Cliente tendrá su frecuencia histórica o habitual. Si deja de comprar, antes de que se vaya a la competencia tenemos que tener un sistema de detección para que simultáneamente sepamos el porqué. ¡Esto solo se obtiene preguntando y analizando su comportamiento, basados en la evolución de sus datos y con encuestas post ventas! Dependiendo de las causas de su decisión negativa, tratemos de revertirla. (Es 5 veces más fácil vender a un Cliente que ya tenemos que incorporar a uno nuevo...). Quizás con un pedido de disculpas y algún reconocimiento económico.

Los libros de Servicio al Cliente$ hablan de reconquistar a los Clientes y que un Cliente reconvertido "nos habrá perdonado" pero estará atento a si cumplimos nuestras renovadas promesas de Marca, Producto, Servicio, Precio, etc. Nuestro autor preferido, al iniciar nuestra vinculación con el Relationship Marketing fue Leonard Berry, *On Great Service*, etc. que desarrolla estos temas.

En inglés la pérdida de clientes se llama *"attrition"* y el Banco Santander ha oficializado desde hace años la función Anti Attrition Manager. El Banco es capaz de determinar aplicando modelos de simulación, con un 60% de exactitud, qué Cliente$ están en riesgo de abandonarlo y hacer algo al respecto, antes de que ocurra. ¿Vale?

5. Nuevos Clientes

Sí, siempre vamos a querer reemplazar a los Cliente$ que no hemos podido retener y también necesitamos incorporar nuevos Cliente$ para Crecer.

Pero la salvedad aquí es que vamos a explorar otros caminos distintos a los masivos: Publicidad y Promociones. Ya estaremos en condiciones de determinar el perfil de nuestros mejores Cliente$. Atención, cuesta lo mismo incorporar un Nuevo "mejor" Cliente que uno "cualquiera" (es recomendable darles el status de MVC, mejores Cliente$ a los nuevos Cliente$ hasta que demuestren que no son merecedores a esa clasificación/distinción).

Primero, miremos en nuestra base de datos a los BZC, Cliente$ de menor valor relativo, para ver si no tenemos Cliente$ en esa clasificación pero que respondan al perfil de los MVC, podrían se Cliente$ que no han tenido la oportunidad de demostrar su pertenencia a este selecto grupo, que no hemos sabido activar. ¡Convoquémoslos!

También busquemos en bases de datos externas a consumidores que podamos incorporar y convertir en MVC.

Nuestro emprendimiento no siempre tendrá alcance nacional. Más bien será regional, provincial o barrial de nuestra comunidad inmediata. En el padrón electoral tendremos la posibilidad de delimitar la búsqueda a ciertas zonas, circunscripciones electorales; determinaremos el perfil de sexo femenino o masculino y por las fechas de nacimiento sabremos si los nacidos entre tales y cuales años son los segmentos etarios que más nos interesan. El último dato de interés será el DNI. Debemos evitar enviar una propuesta para nuevos Cliente$… a los que ya tenemos. Más allá de que muchas empresas (de telefonía celular, bancos, etc.) equivocadamente ofrecen mejores condiciones a Cliente$ nuevos que a los Cliente$ que ya son parte del mismo incluso hace años. En la Fidelización "debemos jugar limpio", queremos establecer, consolidar y acrecentar las Relaciones con Nuestros Cliente$.

Campañas *"Member get a member"*, socio: "recomiéndenos y consiga un nuevo Cliente como usted", son muy eficientes y debemos incorporarlas a nuestro repertorio de cómo conseguir nuevos Cliente$, con el Marketing Relacional.

6. Responsabilidad Social y Medioambiental

¿Cómo podemos incentivar a nuestros Cliente$ a que participen de nuestro Programa de Fidelización?

Cuando Frederick Newell, consultor internacional conocido como el "padre del Marketing de Bases de Datos" llegó en uno de sus viajes a trabajar con el Supermercado QUIJOTE en Rafaela, Santa Fe, dijo "hoy traigo un nuevo tema: Un Programa Escuelas". Viéndosela venir, le replicaron: "ya hacemos donaciones y no tenemos más presupuesto para ese fin". Fred aclaró que esto era parte de la Estrategia de Diferenciación Competitiva, con la ventaja de que ahora serían las Clienta$ las que determinarían a qué escuelas beneficiar (re-direccionar las donaciones) e involucrarlas en las decisiones.

De las 30 escuelas primarias de la zona de influencia se hizo una nómina, y en un re empadronamiento se le pidió a todas las Clienta$ que verificaran la información disponible, agregaran la información faltante y eligieran una escuela de su preferencia para distribuir el dinero de las donaciones de la Empresa, para el equipamiento de las mismas.

Esto provocó un gran revuelo positivo entre los periodistas y medios de la ciudad. No hubo necesidad de llamarlos; querían saber en qué consistía este Programa de Bien Público y después periódicamente se disputaban la primicia de saber "qué escuela iba ganando". Se estableció una fórmula polinómica que vinculaba cada compra con la escuela de preferencia de cada Clienta; se premiaba el Monto y también la Frecuencia de compras para dar más chances a las vecinas que iban "tres veces por día al súper...". En los dos años que estuvimos vinculados al Programa QUIJOTE PLUS, ganó la Escuela de niños sordomudos... Las Clienta$ habían privilegiado en su elección a una de las más carenciadas, más allá de sus vínculos con su propia escuela, la de sus hijos y nietos.

7. Con Proveedores

Los proveedores y en general las empresas para las que hay intermediarios entre ellas y los consumidores de sus productos, querrán llegar directamente a sus Cliente$ indirectos.

Una premisa: el sentido común, nuestra responsabilidad, el Marketing de Permiso, indican que la base de datos está bajo nuestra custodia y debemos ser nosotros los que actuamos como canal de comunicación privilegiando la privacidad y buen uso de los datos.

SAVA GANCIA se acercó a QUIJOTE, sabiendo que tenía una de las primeras bases de datos para hacer un muestreo selectivo con motivo del lanzamiento de su nueva línea PRONTO SHAKE. Resultó fácil someter la base de datos de Cliente$ a los siguientes parámetros/filtros de su público objetivo: hombres, de 18 a 35 años, consumidores de cerveza en latas. De la base de datos de 10.000 Cliente$ activos quedaron 386 que recibieron una propuesta específica y cuya repercusión en retiro de productos promocionales y compras repetitivas se pudo medir con precisión.

Aquí las oportunidades para el que tiene la base de datos son muchas. Dependen de la creatividad de sus proveedores y de ustedes, y de la predisposición a efectuar este tipo de alianzas de co-branding/negocios a costos razonables para el proveedor.

8. Tráfico cruzado

Después de haber propiciado la compañía SHELL el lanzamiento de TRAVELPASS, y con la base de datos inicialmente consolidada, decidió desarrollar una oportunidad de MÁS VENTAS. Buscó entre los participantes adheridos al Programa multimarca que habían declarado poseer automóvil y que más puntos habían acumulado, pero que nunca habían sumado puntos en sus estaciones de servicio, y así desarrollaron una acción puntual impulsando compras repetidas con una importante bonificación en el precio.

Hemos querido hacer un resumen de las oportunidades para vender más rentablemente y utilizamos casi exclusivamente ejemplos del consumo masivo, pero "garantizando" que esto es aplicable a casi todos los rubros y a todos los tamaños de empresas.

3.25. Un Excelente Servicio No es Suficiente

A todos nos enseñaron que el secreto para destacarse de la competencia es:

Brindar un excelente Servicio a los Cliente$.
Lograr su deleite y satisfacción total.
Superar sus expectativas.

Pero muchas veces esto no es tan así.

El Servicio a los Cliente$ **NO es suficiente para fidelizarlos.**

Es una condición necesaria pero no suficiente.

El desarrollo, consolidación y crecimiento de las Relaciones ¡es lo que fideliza!

Una de las industrias donde esto se explica mejor es la automotriz.

Las Encuestas de Satisfacción de los Clientes generalmente indican niveles de satisfacción de entre el 70 y el 90%.

Los clientes están contentos con su CHEVROLET o FORD.

Pero cuando les toca renovar su unidad, eligen solo un 30 a 40% la misma marca.

Pasa muchas veces que eligen un TOYOTA o NISSAN... (La ejemplificación con estas marcas es totalmente arbitraria). Parece ser que un alto nivel de satisfacción no necesariamente significa recomprar la misma marca.

FORD fue la primera terminal automotriz en el mundo que comenzó con un Programa de Fidelización de sus Cliente$, que viven mejorando. Hoy prácticamente todas lo tienen; por algo será.

En la Argentina, una de las últimas que desarrolló un Programa de este tipo fue PEUGEOT. Los Cliente$ reciben en la primera semana después de haber retirado su nuevo auto en el concesionario, una comunicación felicitándoles por su elección, con alguna sugerencia vinculada al próximo service induciéndolos también a iniciar un diálogo interactivo con la compañía. Desde ya que para una empresa tan vinculada con los deportes top, ofrecer invitaciones VIP para partidos de polo, rugby, tenis que la empresa también auspicia, resulta muy atractivo para los nuevos propietarios de un automóvil PEUGEOT. Pero este impacto se ve reforzado si previamente la empresa se preocupa en saber a qué Cliente$ les gustan qué deportes en particular y así pueden personalizar sus beneficios tendientes a establecer, consolidar y acrecentar Relaciones con cada Cliente con el objetivo de que cuando le toque renovar la unidad lo haga por un vehículo de la misma marca, ¡quizá por un modelo de mayor valor (y rentabilidad)!

A través del análisis del número de miembros del programa, los trackeos, la apertura de mails, las visitas al sitio web y la participación en eventos es posible, además, medir los resultados de cada campaña realizada.

¿Los Cliente$ son de la Concesionaria o de la Empresa Automotriz? No importa; ¡un Programa de Fidelización debe redundar en beneficio de ambos!

Es de suponer que usted, estimado lector, en su rubro de actividad puede crear beneficios personalizados que fortalezcan las Relaciones con SUS Cliente$ y que éstos lo recuerden positivamente haciendo más difícil su eventual defección.

3.26. Organización para la Fidelización

Históricamente, las empresas, en su afán de optimizar sus ganancias, se han organizado "por productos o servicios". Cuando las empresas crecen y se hace necesario enfatizar la delegación, lo más efectivo ha sido una organización por producto más o menos autónoma. Este tipo de organización es la más habitual en empresas de todo tipo de rubros.

Cada responsable de una unidad de negocios es el encargado de "optimizar la ganancia de los productos o servicios a su cargo". A estos funcionarios, generalmente de la Gerencia de Marketing (a cargo de la planificación comercial) se los denomina Gerentes de Producto o Gerentes de Líneas de Producto. (*Product o Product Line Managers*).

Así, las Direcciones Comerciales tienen habitualmente una Gerencia de Ventas o Comercial (operativa) y una Gerencia de Marketing (planificadora).

La propuesta es que a esta organización "por productos" se le superponga una nueva organización "por tipos de Cliente$". Así convivirán dos grupos de personas: las encargadas de planificar la optimización del negocio poniendo máximo énfasis en los Productos o Servicios; y otros que harán otro tanto mirando en primer lugar a los segmentos de Cliente$.

Estos Gerentes de Cliente$, o a veces también Customer Experience Managers podrán organizarse en función de los Cliente$ más Valiosos, que deberán retener; los Cliente$ de mayor potencial a quienes se tratará de vender más, y también los Cliente$ de menor valor relativo pueden llegar a tener un responsable de que su atención se haga en forma rentable.

Finalmente, en una Organización para la Fidelización convivirán Gerentes de Productos y Gerentes de Cliente$ o de Customer Experiences.

3.26. Valor Patrimonial de los Cliente$

Este capítulo tiene que ver con el hoy, pero más con el mañana. Es una meta a cumplir, ¿casi una utopía? Se está comenzando a hablar de esto pero la realidad es bien diferente. No se deje intrigar por nosotros. Este tema nos apasiona, tanto como lo desarrollado precedentemente, pero quizás en esto resida el mayor de los desafíos para los que nos ocupamos de estos Planes de Marketing con gran énfasis en Los Programas de Fidelización de Cliente$.

Cuando iniciamos el capítulo revisamos el concepto del Péndulo del Poder y después hicimos un acuerdo tácito con usted. El intangible más importante que tenemos son NUESTROS Cliente$.

En el *Customer Equity Organization*, la Organización Patrimonial de los Cliente$ se enfatiza que una empresa tiene su marca, activos físicos, sus colaboradores y SUS Cliente$. Los productos "van y vienen" por innovaciones tecnológicas, por la moda. Lo que debe permanecer constante, a lo largo del tiempo, son SUS Cliente$ (libro *Driving Customer Equity. How Customer Lifetime Value is Reshaping Corporate Strategy.* Rust, Zeithaml y Lemon. Free Press 2000).

Customer Equity, el Valor Patrimonial de lo Cliente$, es la suma de:

- *Value Equity*, el Patrimonio conformado por la ecuación de valor: producto con su marca, calidad y servicios conexos, incluida la conveniencia; divididos por el precio.

202

- *Brand Equity*, el Valor Patrimonial de la Marca: su conocimiento, actitud hacia la marca, percepción de los valores éticos de la empresa.

- *Retention Equity*, el Valor de la Retención que se es capaz de ejercer con Programas de: Fidelización, Reconocimientos Especiales, Comunidad de Cliente$, Construcción de Conocimiento.

Los autores indican que deben determinarse, mediante Investigaciones de los Cliente$, los impulsores para cada segmento de Cliente$, idealmente para cada Cliente en particular.

Fred Newell (ver en su último libro *Why CRM Doesn't Work. How to Win by letting Customers Manage the Relationship*, Frederick Newell. Bloomberg Press, 2003) uno de los máximos gurúes del Marketing de Fidelización permanente visitante de la Argentina desde 1994, propone pasar del CRM al CMR.

CRM es la estrategia de posicionamiento competitivo que pone el máximo énfasis en el desarrollo de las Relaciones con los Cliente$. C por Cliente$, R por Relaciones y M por Management/Gerenciamiento.

CMR es la propuesta de Fred, son las Relaciones Gerenciadas por los propios Cliente$. Él, después de exhaustivos relevamientos y análisis, manifiesta que el CRM fracasa:

- Porque demasiadas veces se considera que es una táctica y no estrategia.
- Que el "Poder del Cliente" es algo pasajero.
- Que el Marketing de Permiso es una moda.
- Comienzan comprando el software.
- No se inicia haciendo pruebas.

- No buscan el acuerdo creciente de cada Cliente con la construcción paulatina de Relaciones con él.
- No atienden al clamor "háganme la vida más sencilla, por favor".
- "Me siguen molestando con propuestas y ofertas irrelevantes para mí".

En el CMR cada Cliente nos va a decir:

- Qué información necesita y valora.
- Qué nivel de servicio requiere.
- Cómo desea que nos comuniquemos con él. Qué adecuación de nuestros productos y servicios "le facilitarían la vida".
- Cada Cliente va a "clamar" por el respeto y manejo adecuado de la información que vamos obteniendo de él.
- Nos va a pedir mayor privacidad.
- Va a requerir ofertas adecuadas para sí.

La opinión de los dueños/accionistas:

El tiempo y el dinero para la construcción de un Programa CRM o CMR ¿son considerados un gasto o una inversión para optimizar este activo intangible: los Cliente$? ¿Tienen bien en claro el incremento del valor de la empresa que van a obtener con una Base de Datos de Cliente$ y la Fortaleza de las Relaciones con los mismos? Consecuentemente el valor de la empresa es función del Valor de por Vida de los Cliente$.

Es posible implementar un Programa de Optimización de las Relaciones con los Cliente$. El Valor incrementado de las Relaciones con sus Cliente$ va a impactar favorablemente en el Valor de la Empresa.

"Wall Street will care"

Wall Street va a prestar atención a esto.

En lo que sigue, Don Peppers y Martha Rogers nos van a ayudar. En su último libro afirman "Los Cliente$ son difíciles de conseguir y más difíciles de retener".

En SU empresa ¿ocurre lo mismo que en la mayoría de las otras? ¿Es más fácil conseguir capital / dinero para inversiones en activos tangibles, especialmente para edificios y máquinas, que para Programas de Relacionamiento?

¿Cuál es la posición de Wall Street? En general, cuando se habla de esta calle se hace referencia a la Bolsa de Valores de New York. Wall Street privilegia el corto vs. el largo plazo (necesita el crecimiento continuo del valor de las acciones).

- El valor más observado es la cotización trimestral de las acciones.

- La compensación variable de los máximos ejecutivos está "demasiado" estrechamente vinculada con esa evolución.

- ¿Las decisiones empresariales son siempre las más correctas? Es lícito pensar que no siempre. La presión por optimizar los resultados en el cortísimo plazo constituyen una inusitada presión sobre ellos.

- Puede ocurrir una virtual "explotación" de los Cliente$ en el corto plazo (venderles, venderles y venderles más YA) en detrimento del desarrollo de Relaciones a mediano y largo plazo con ellos.

- El valor presente de la empresa está estrechamente vinculado con sus ganancias presentes.

- El valor futuro está más vinculado con su rentabilidad a lo largo del tiempo.

Volviendo a Peppers and Rogers y a su libro *ROC. Return on Customers* (*Retorno de la inversión en Cliente$*), Currency Doubleday, 2005, desarrollan el desafío de esta forma:

- Creando el máximo valor de su recurso más escaso.
- Lo único en escasez en estos días son los Cliente$.
- Los Cliente$ son difíciles de encontrar y más difíciles de retener.
- ROC es una nueva métrica para medir el valor para los accionistas que genera cada decisión gerencial vinculada con los Cliente$.
- ¿Recortar costos y gastos o invertir en el desarrollo de Relaciones con los Cliente$? Dependerá si privilegiamos el corto o el largo plazo.

Para decidir dónde poner el mayor énfasis, se deberá tener bien en claro:

- ¿Es prioritario preservar y hacer crecer el valor de la Empresa?
- ¿Cumplir los presupuestos de resultados mensuales?
- ¿Hacer aumentar el valor trimestral de las acciones?
- ¿Desarrollar nuevos: Productos / Servicios y Relaciones con los Cliente$?
- ¿"Robar" del futuro para financiar el presente?
- ¿Maximizar la rentabilidad a lo largo del tiempo?
- ¿Va a determinar un nuevo rol para los vendedores: cumplir cuotas y construir Relaciones duraderas con los Cliente$?

En cuanto a las Inversiones en Marketing:

En general la rentabilidad de las mismas es cada vez menor. ¿No será que lo que las empresas ofrecen a sus Cliente$ tiene cada vez menor relevancia y valor agregado para los mismos? ¿Los Cliente$ responden? ¿Hay empresas que explotan en demasía su base de dato en el corto plazo? Lo que usted puede hacer debe ser relevante para su Negocio, pero fundamentalmente para SUS Cliente$.

El valor de SU empresa lo crean SUS Cliente$ ahora, pero también en el futuro. La Confianza de los Cliente$ resulta fundamental para poder fidelizarlos.

¿Los Cliente$ tienen memoria?

En los Estados Unidos hay una "Do not call list", que ya tiene unos 37 millones de nombres de personas que no quieren ser molestadas/llamadas/contactadas. (Vamos por el mismo camino en Argentina).

En conclusión, y con la coincidencia de varios de los autores más prestigiosos en el tema Fidelización:

Debemos decidir entre optimizar cada transacción o privilegiar el <u>Valor de por Vida de NUESTROS Cliente$</u>.

- En el Marketing Masivo no se tienen en cuenta las particularidades de cada Cliente.
- El Marketing Relacional justamente nos ofrece esta valiosa oportunidad.

3.28. Punto de Equilibrio.
¿Usted Puede afrontar un Programa de Fidelización?

Nuestros socios, nuestro jefe, nuestros colegas o algún otro inexorablemente nos van a preguntar: "un Programa de Fidelización para retener a NUESTROS Cliente$ suena maravilloso pero ¿cuánto más vamos a vender?, porque su implementación seguramente no es gratis…".

Tal como hemos visto en el capítulo 2, dentro del bloque de KPI e indicadores clave del plan de marketing, el punto de equilibrio es una herramienta importante para definir cuán fácil o difícil resultará implementar el programa:

$$\text{Punto de Equilibrio} = \frac{\text{Inversiones y gastos del Programa}}{\text{Contribución promedio de las ventas}}$$

Para "calmar nuestra ansiedad", y adoptando el criterio de las aproximaciones sucesivas, determinemos primero el denominador. Simplemente definamos la contribución promedio de nuestras ventas, el margen promedio con el que trabajamos, la diferencia entre el precio de venta neto y los costos de la mercadería.

En el numerador figurarán todas las inversiones y los gastos fijos vinculados con el Programa de Fidelización.

Para el diseño del Programa:

Investigación de Mercado

Para saber qué beneficios son los más apreciados para que los Cliente$ se enrolen en el Programa (beneficios inmediatos o puntos canjeables).

Consultoría

Para el desarrollo e implementación de Su Programa. Supongamos que usted opera o quiere operar una PyME, entonces deberá conformarse con lo que sabía y lo que le pudo agregar este libro. En una empresa más grande, con posibilidad de un presupuesto mayor, un Consultor puede evitarle tener que "inventar la pólvora"; no es lo mismo transitar este apasionante camino de la mano de alguien "que ya estuvo allí", que ya asesoró a otros en el desarrollo de este desafío de la Fidelización, ahora de SUS Cliente$.

Para comunicarlo

Con predominancia hoy de canales digitales, también es posible pautar avisos en medios digitales y complementarios, de ser requerido con medios masivos tradicionales como gráfica, radio o vía pública y el complemento de las acciones en puntos de venta y en todos los puntos de contacto identificados con los Cliente$.

Para iniciar

La remuneración del responsable interno del Programa –si fuera alguien que hasta ahora no estuviera en la nómina o desempeñara otra posición– y la Capacitación y Motivación de "todo" el Personal. Todos estarán involucrados en la operación de esta nueva estrategia de Posicionamiento Competitivo donde usted procurará Desarrollar, Consolidar y Acrecentar las Relaciones con SUS Cliente$.

Además

También deberán considerarse los costos de los Beneficios para los Cliente$, salvo que sean aportados por terceros. Nos referimos a los descuentos si son precios rebajados para los participantes del Programa, o los premios/beneficios que canjearán por los puntos acumulados.

La administración del Programa; el análisis de la información de la Base de Datos y de los Resultados de las acciones que va a emprender; la comunicación con los Cliente$ por la vía elegida, preferentemente por ellos mismos; la medición de los resultados y el desarrollo de nuevas acciones para obtener MÁS VENTAS rentables.

Ahora podrá determinar el Punto de Equilibrio que le indicará cuántos $ (pesos, dólares) más tendrá que facturar para cubrir los costos involucrados en el Programa de Fidelización de SUS Clientes.

Vinculando esta facturación incremental con sus ventas históricas podrá determinar el porcentaje de crecimiento de su facturación para, por lo menos, cubrir los costos del Programa de Fidelización diseñado y también deberá imaginar las posibilidades de superarlo.

Hemos tratado de demostrarle que los costos deberían ser razonablemente bajos. Quizás este porcentaje sea lo suficientemente reducido para que se convenza de que solo evitando perder a sus mejores Cliente$ y vendiéndoles más desplazando a la Competencia, y logrando su Recomendación, el esfuerzo valdrá la pena. ¡Esperamos que Usted decida seguir adelante! ¡Enhorabuena!

La excelente noticia es que estratégicamente se podrá decidir volcar a este Programa de Fidelización de Cliente$ una buena parte del Presupuesto de Comunicaciones por Medios Masivos, ya que el nuevo énfasis está en las Comunicaciones Relacionales Directas y, mayormente a través de sus canales digitales de menores costos relativos.

3.29. El desafío de la MEMORABILIDAD
CX$: Gestión de la Experiencia de los Cliente$

La experiencia de Cliente es un desafío superior al de la satisfacción.

Podríamos pensar que la satisfacción se alcanza cuando se cubren las expectativas de los Cliente$. En la ecuación de EXPERIENCIA el desafío está en SUPERAR las expectativas de nuestros consumidores y conseguir MEMORABILIDAD.

Se ha convertido en una Estrategia de Diferenciación Competitiva. Implica diseñar, planificar, gestionar y medir las interacciones con Cliente$ para impactar sobre su percepción y alcanzar satisfacción, lealtad y recomendación.

Una de las definiciones formales de CX enuncia: "Experiencia del Cliente, o Customer Experience (CX), es el producto de las percepciones de un Cliente después de interactuar racional, física, emocional y/o psicológicamente con cualquier parte de una organización. Esta percepción afecta los comportamientos del Cliente y genera recuerdos que impulsan la Lealtad del Cliente y afectan el valor económico que genera una organización".

La Escuela de Negocios de Wharton de la Universidad de Pennsylvania, en su investigación del año 2006 llamada "Discovering 'WOW' - A Study of Great Retail Shopping Experiences in North America", analizó los factores que hacen la diferencia de una experiencia de compra regular a una experiencia "WOW" de compra.

Identificaron que solo el 35% de los consumidores había vivido una experiencia WOW en los últimos 6 meses. Esos indicadores llegan al 25% en Europa, pero no superan el 15% en América Latina.

Diseño de la Experiencia de Cliente

Para diseñar la experiencia de Cliente existen dos conceptos y herramientas fundamentales: Los Momentos de Verdad (MV) y el Customer Journey Map.

Los Momentos de Verdad, MOT *moments of truth*, son **todos los contactos que tiene El cliente con la marca, ya sean presenciales o digitales**, antes, durante y después de la compra. El concepto fue introducido por primera vez en 1984 en el libro **"Servicie Management"** escrito por **Richard** Normann. En el 2011, Google lo acuñó cuando su director general de ventas Jim Lecinski escribió en Estados Unidos el libro *ZMOT Winning the Zero Moment of Truth* y lo tradujo como: el momento donde un cliente investiga su cuenta online y toma una decisión que afecta al futuro de una marca o una empresa.

No todos los momentos de verdad son determinantes. De todas maneras la experiencia global del Cliente se construye a partir de la sumatoria de todos los momentos de verdad y su resultado. Por eso es importante poder identificarlos, medirlos y gestionarlos.

El Customer Journey Map (CJM) es la representación gráfica del recorrido que realiza un Cliente en todos sus Momentos de Verdad.

¿Cómo construir el CJM?

1) **El primer paso es definir el "BUYER PERSONA":** Según T. Zambito, el fundador de este concepto, "los buyer personan arquetipos resultantes de una investigación que representan quiénes son los Cliente$, qué tratan de cumplir, qué retos motivan su comportamiento, cómo piensan, cómo compran y por qué toman decisiones de compra".

2) **En segundo lugar, debemos Identificar el Mapa de Momentos de Verdad** que atraviesan a lo largo de todo el ciclo de servicio.

3) En tercer lugar, **medir la performance actual que tenemos en cada MV:** en esta etapa estaremos en condiciones de identificar fortalezas y debilidades de nuestro Mapa de Viaje de Cliente.

4) Identificar **Oportunidades de Mejora.**

5) Finalmente: incorporar "**píldoras de experiencia**" en MV claves.

Dos formatos para el CJM Customer Journey Map

Uno de los formatos organiza el mapa en TRES NIVELES: En la base, lo que el Cliente piensa. Al centro, el recorrido que realiza durante la experiencia y sus momentos de verdad. Y finalmente por encima lo que el Cliente siente.

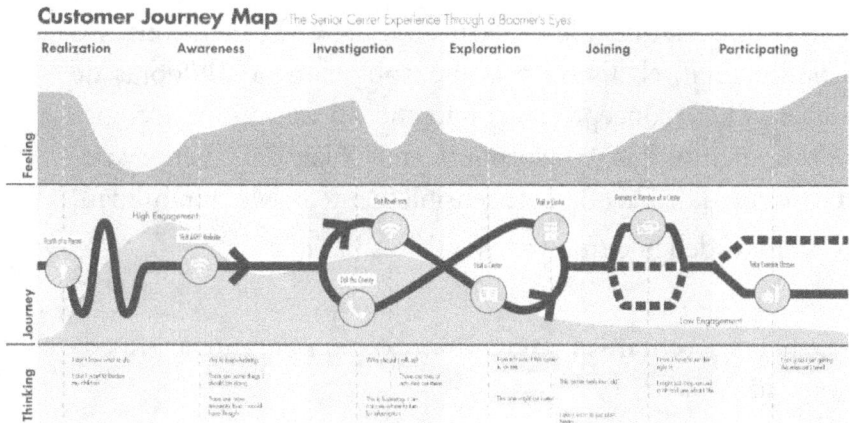

Fuente: B. Rojas. IBTL. Advenio.

Otra alternativa organiza los Momentos de Verdad (MV) de manera secuencial teniendo en cuenta el ciclo de relacionamiento: pre-venta, venta y post-venta. Y califica cada uno de los Momentos de Verdad en función de la actitud del Cliente:

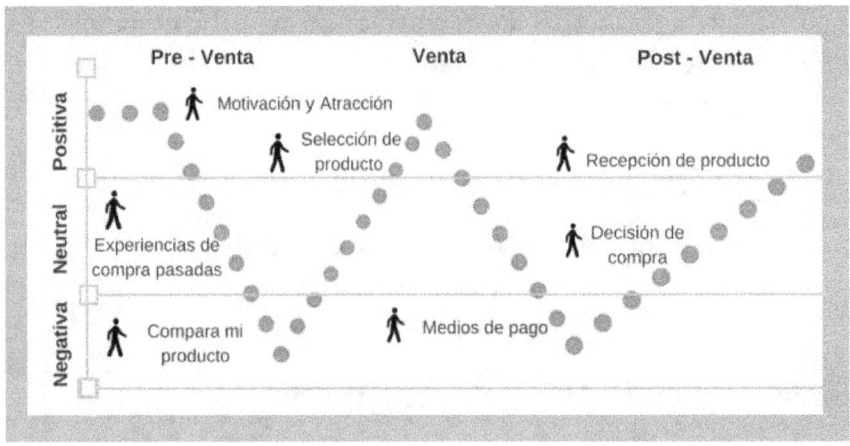

Fuente: B. Rojas. IBTL. ECR.

¿Qué son las "Píldoras de Experiencia"?

En el bloque referido a la construcción del CJM mencionamos como punto final, el diseño y la incorporación de "Píldoras de Experiencia". Este concepto hace referencia a estímulos, acciones o comportamientos que se incorporan en el Viaje del Cliente y tienen la capacidad de hacer crecer sensiblemente la Memorabilidad.

Las píldoras deben cumplir 4 requisitos básicos:

1. Deben ser **rentables** para la marca: para garantizar su viabilidad.
2. Deben ser **escalables**: para garantizar su continuidad.
3. Deben ser **no esperadas** por el Cliente: para garantizar su efecto.
4. Deben ser **innovadoras** en el sector: para garantizar su diferenciación.

3.30. Conclusiones

Cómo Conseguir y Fidelizar Cliente$ es el desafío de casi todos nosotros los que luchamos para Sobrevivir y eventualmente Prosperar. Hemos elegido utilizar el Plan de Marketing para planificar cómo diferenciarnos de nuestra Competencia y así mejorar nuestras chances de Conseguir Cliente$.

También implementando una política clara de Responsabilidad Social y Medioambiental a nivel nacional, provincial e incluso a nivel comunidad cercana. También les hemos propuesto Conservar a los Cliente$ con un Programa de Fidelización de los mismos.

Si los Programas de Fidelización fueran la panacea, usted se preguntará ¿pero por qué no hay más en vigencia? En la Argentina la recesión agravada en los años 2002, 2003 y en 2004 parcialmente, obligaron a acciones de corto plazo, fundamentalmente Promociones, para anticipar Ventas.

Desde 2005 y hasta 2008 las consultas y los desarrollos de esta "nueva panacea" se multiplicaron rápidamente en nuestro Estudio y en otros. Ahora –más de 10 años después– estamos en un nuevo, y largo, impasse.

NO SE QUEDE ATRÁS. No tener SU prolijo Plan de Marketing con énfasis en la diferenciación y un Programa de Fidelización de SUS Cliente$ **es una desventaja competitiva**. Tenerlo se convierte cada vez más en una **ventaja competitiva**.

No creemos tener toda la verdad, ni mucho menos. Por ello nos hemos apoyado fuertemente en las opiniones y los libros de los gurúes Frederick Newell, Don Peppers y Martha Rogers, Brian Woolf, también Katherine Lemon. Y ahora en los "nuevos gurúes del Marketing" Seth Godin, Andy Sernovitz, Joseph Jaffe, Ted Rubin y Jay Bacr.

Ellos sostienen con mucho o muchísimo énfasis "que nos olvidemos" en focalizarnos en Conseguir Cliente$ y pongamos todos nuestros esfuerzos en Fidelizarlos / Retenerlos para VENDER-LES MÁS y lograr su RECOMENDACIÓN ESPONTÁNEA como Cliente$ Satisfechos. También insisten en el Marketing de Experiencias.

Esto no es una moda, es una Estrategia de Diferenciación Competitiva muy poderosa, quizás como dicen ellos "la única en esta Era del Relacionamiento".

CAPÍTULO 4

CRECER CON LA RECOMENDACIÓN DE LOS CLIENTE$

4.1. Porqué Crecer

Una Empresa o un Profesional Independiente obtiene sus Ingresos por las Ventas a sus Cliente$, o por la enajenación de sus activos tangibles e intangibles.

Habitualmente se analiza su Gestión en base a la evolución de su rentabilidad en los mismos negocios existentes en el período anterior.

Pero sus accionistas y socios querrán crecer, lógicamente, para incrementar no solo la rentabilidad sino también sus dividendos.

Así aparece la necesidad de priorizar el Crecimiento de sus Negocios/Actividades. No existen recetas mágicas, pero sí, algunos tips a cubrir:

1. Vendiendo más a los Cliente$.
2. Mejorando el mix de productos y servicios ofrecidos.
3. Incrementando la factura promedio.
4. Convirtiendo a los consumidores (compradores ocasionales) en Cliente$ (compradores frecuentes).

Estos nuevos Cliente$ surgirán de los consumidores de las categorías que usted ya atiende, sea de productos, servicios o canales de distribución, que al lograr aumentar la frecuencia de compra se convertirán en SUS Cliente$.

Tradicionalmente, los mecanismos para interesar y captar a los nuevos Cliente$ eran la Publicidad a través de los medios masivos y las Promociones. Más recientemente se fue imponiendo el Marketing 1:1 o Marketing Personalizado con acciones segmentadas, casi individuales, facilitadas por la disponibilidad de nuevas herramientas digitales que permiten la segmentación de audiencias, la geolocalización y la ejecución de campañas en "real time".

También se debe analizar el rol de los Influencers –personalidades contratadas para hablar a favor de una Marca– y la diferencia con los propios "Embajadores" de una Marca: recomendaciones imparciales de los Cliente$ Satisfechos, <u>sí, de SUS propios Cliente$ satisfechos.</u>

Está demostrado que las decisiones de compra se aceleran con estas Recomendaciones de "conocidos" o "alguien como yo" que utiliza determinado producto o servicio.

4.2. Marketing Testimonial

Del Word of Mouth al Marketing Viral

Es interesante analizar la evolución de la opinión de Académicos y "Practitioners" o Practicantes en estos últimos 10/15 años.

Si bien el "Word of Mouth" (traducido como de boca en boca) "existió siempre", su sistematización y la consideración de los otros medios tradicionales de comunicación y los nuevos para este fin, es un fenómeno mucho más reciente.

El Marketing de Boca en Boca devenido en Marketing Testimonial se muestra como la herramienta contemporánea de mayor valor para Crecer en cantidad y calidad de Cliente$. Lograr la Recomendación Espontánea de los Cliente$ Satisfechos ya no constituye una ventaja competitiva, sino que dejar de concretarlo se convierte en una real desventaja como se planteó en la 25° Conferencia Anual de CRM en Chicago, Estados Unidos.

Es gratis (o casi); apela a la mayor credibilidad de los mensajes que llegan de amigos, parientes, colegas; su efecto multiplicador es devastador.

De acuerdo con Andy Sernovitz, consultor y autor de *"World of Mouth Marketing. How Smart Companies Get People Talking"* Kaplan Publishing, 2006, un hecho relevante es la creación de

Comunidades de consumidores de determinadas categorías y también de determinadas marcas que favorecen la interacción entre ellos. Se pasa del Marketing B2B y B2C al Marketing C2C.

En nuestro recorrido de investigaciones y revisiones bibliográficas, sumado a entrevistas con CEO's, surge nítidamente la certeza que el WOMM es lo vigente y que aquellos que antes lo adopten, serán los ganadores...

¿Qué hay del nuevo en el Marketing Testimonial?

¿Por qué no hacer Crecer la cantidad de Buenos Cliente$?

Siempre resultó un imperativo Crecer. Ahora más que nunca. El entorno nos obliga a ello. Nuestros esfuerzos en Retener Cliente$ se ven perfeccionados por el acceso a nuevas tecnologías como la Inteligencia Artificial, la Ciencia de Datos y otras especialidades afines que nos permiten hoy analizar grandes volúmenes de datos en tiempo real y tener la posibilidad de predecir ciertos comportamientos futuros en los consumidores/Cliente$. Esta anticipación permite identificar patrones de conducta y consumo adecuando cada estrategia y táctica a los Customer Journeys u "hoja de ruta" de los Cliente$.

Las actuales condiciones macroeconómicas agravadas por el Coronavirus indican una complejidad en los mercados internacionales y nacionales, con peligro al crecimiento por las barreras al comercio. La consolidación y eventual potencial de crecimiento en muchos mercados nacionales e internacionales hacen que los dueños, accionistas, jefes y cuentapropistas no puedan dejar pasar estas oportunidades.

Entonces nos enfrentamos a este dilema: ¿cuáles son las metodologías disponibles de menor costo y más eficientes para poder crecer?

Habíamos mencionado en el Capítulo 3 la utilización de sus bases de datos y el CRM para determinar el perfil y "clonar" a los mejores Cliente$, activando por clusters a aquellos de similares características recurriendo también a bases externas para complementarlas.

Desde 2001, varios autores como Andy Sernovitz, George Silverman, Jonah Berger y otros han hecho esfuerzos para sistematizar el tradicional Marketing de Boca en Boca, lo que veremos más adelante.

Nosotros le proponemos buscar nuevos Cliente$, pero no de cualquier tipo, utilizando como promotores y embajadores de marca a sus propios mejores Cliente$ Satisfechos.

Queremos inducirlos a que transiten, en sus propios emprendimientos y prácticas profesionales por cuenta propia, el posible camino del Marketing Testimonial, desde el Marketing de Boca a Boca al Marketing Viral.

El Marketing de Boca en Boca no es nuevo, "existió siempre". ¿Qué puede ser mejor que el testimonio de los Cliente$ Satisfechos? Pero ahora es posible sistematizar este esfuerzo... Veamos cómo.

4.3. ¿Nuevos Cliente$ o Nuevos Buenos Cliente$?

En acciones para VENDER MÁS, decíamos que una de las formas es consiguiendo Nuevos Cliente$. Usted deberá determinar qué tipos de Nuevos Cliente$ quisiera incorporar.

Pueden ser similares a sus Cliente$ más valiosos, MVC; o a los Cliente$ de mayor potencial, MGC, o, o, o... o a los proclives a recomendarlo espontáneamente. Usted con su equipo de colaboradores más cercanos deben consensuar cuáles le permitirán crecer más rápido, tanto en rentabilidad como en la sustentabilidad de su negocio:

1. Una primera modalidad es buscando "mellizos o clones digitales" en su propio CRM. Quizás entre los Clientes de menor valor relativo, BZC, hay algunos de perfil muy similar al de aquellos que definió como más valiosos. En este caso la tarea consistirá en detectarlos y "activarlos".

2. Una segunda modalidad es hacer lo mismo, pero recurriendo a bases de datos externas.

3. La tercera modalidad es sistematizar y aplicar el Marketing de Boca en Boca, llegando eventualmente al Marketing Viral.

Sí, Nuevos Cliente$ para reemplazar a los que finalmente no habremos logrado retener y lo más importante, para CRECER.

En esto nos diferenciamos de otros autores que en su intento de sistematizar el Marketing de Boca en Boca y el Marketing Viral, hablan de Nuevos Cliente$ sin hacer hincapié en Nuevos "Buenos" Cliente$.

Pero como el esfuerzo para incorporar Nuevos Buenos Cliente$ es el mismo o casi el mismo que para cualquier tipo de Cliente$ en general, es que insistimos en los primeros, que son los que le asegurarán un aumento significativo de SUS ganancias.

4.4. Del Member get Member al Marketing del Rumor

Este capítulo se refiere a la acción individual de recomendar, y su complemento el de los comentarios generales que se generan a partir de conversaciones/rumores colectivos favorables.

¿Puede haber algo mejor que la recomendación de un Cliente satisfecho para convencer a un consumidor con potencial para que se convierta en SU Cliente?

La transmisión "de Boca en Boca" ¿o de boca a oreja? espontánea existió siempre. Un Cliente satisfecho en general quiere contar a sus amigos, conocidos y a veces a sus colegas "su descubrimiento" de un nuevo proveedor eficiente (salvo una mujer muy coqueta que quizás no contará ni a su mejor amiga quién la peina, dónde hace gimnasia, o quién la viste... pero jamás quién es su personal trainer...)

Lo que es más reciente es el intento de sistematizar e impulsar recomendaciones, en el Marketing de boca en boca o Word of Mouth Marketing.

¿Quién no recuerda campañas de Member get a Member? La tarjeta de crédito American Express hace unos años implementó este tipo de campaña para impulsar la obtención de nuevos tarjetahabientes, Cliente$. No nos fue posible averiguar si estas acciones promocionales se hacían por intermedio de todos sus tenedores de American Express ("pertenecer tiene sus privilegios") o solo por intermedio de sus Mejores Clientes, MVC, para consecuentemente obtener Mejores Nuevos Clientes.

También muchos clubes sociales y deportivos consiguen así nuevos Socios.

Y así se pasa del Marketing de Boca en Boca al Marketing del Rumor o "Buzz Marketing", no tan "uno a uno" y cada vez más masivo, que involucra a muchos Cliente$ que testimonian favorablemente en forma simultánea.

Los autores que más se destacan desde 2001 en este gran esfuerzo por sistematizar todo esto son George Silverman *"The Secrets of Word of Mouth Marketing"*, Andy Sernovitz *"Word of Mouth Marketing"*, Seth Godin *"Unleashing the Ideavirus"* (sí, el mismo de "Permission Marketing") y más recientemente Georges

Chetochine *"To Buzz or Not To Buzz That is the Question",* que enfatizan el "cómo".

4.5. Estímulos para que SUS Cliente$ Compren

Los consumidores compran no necesariamente solo como respuesta a la Publicidad, sino también por lo que escucha de otras fuentes "independientes" (ver la independencia relativa de los Influencers).

Ya hemos tocado el tema de la rentabilidad cada vez menor de las inversiones en acciones de marketing masivas en el capítulo 3 de este libro; ¿los mensajes son cada vez menos relevantes para los Cliente$? provocando una menor respuesta de los mismos (ver EL VALOR PATRIMONIAL DE LOS CLIENTES). Y si nos permiten agregar, también menos "creíbles", ¿qué anunciante/marca va a hablar mal de sí mismo y de su oferta comercial?

Los consumidores conversan con su círculo de amigos y otros usuarios del producto o servicio de su interés.

El autor George Silverman nos dice: "hacer que la gente hable frecuentemente, en términos favorables, con la gente correcta, de una manera adecuada, sobre SU producto o servicio es, de lejos, lo más importante que usted puede hacer como profesional del Marketing".

A propósito, quizás, este sea un lugar adecuado en este Libro para analizar la evolución de la definición de Marketing según el más exitoso autor de libros de texto de la especialidad.

Philip Kotler en 1985 en la 4ª edición de "Dirección de Mercadotecnia" referenciaba también: "la mercadotecnia es aquella actividad humana dirigida a satisfacer necesidades y deseos..." e insistía con la cuatro "P".

El mismo Kotler en "Marketing" 10ª. Edición de 2003 determina el "Marketing como la Gestión de Relaciones Rentables con los Clientes". ¡Cuán pertinente al énfasis de las Relaciones con los Cliente\$ que estamos desarrollando en este Libro! (Ver el Caso Coca-Cola en Estados Unidos en lo atinente a la reversión del reemplazo del Chief Marketing Officer por un Chief Growth Officer).

En 2010 Kotler ya se había adelantado y propuesto: "Cambien el énfasis a que los Cliente\$ Satisfechos hablen muy bien en sus redes sociales a amigos y colegas de los productos y servicios consumidos por ellos mismos, involucrando también los Valores Éticos y las Responsabilidades Social y Medioambiental de los industriales, retailers y profesionales independientes que los brindan".

4.6. Cómo vender MÁS

¿Cómo se puede vender más?

1. Con mayor cantidad de Cliente\$, eje central de este libro *Crecer en Cliente\$*.
2. Por más compras de cada Cliente. Desplazando a la competencia en Cliente\$ compartidos.
3. Incrementando la frecuencia de las visitas.

Logrando mayor velocidad en la toma de decisiones de comprar por parte de los consumidores y Cliente\$, propiciando la circulación de la información relevante de Boca en Boca.

4.7. El proceso de la toma de decisiones

Existe un momento crucial que se trata de las decisiones que debe tomar un Cliente potencial sobre a quién elegir como su proveedor preferencial.

- Primero: que tome la decisión de decidir. Sí, decidir qué va a comprar.
- Segundo: escoger entre las opciones de proveedores que tiene por delante.
- Tercero: ensayar los productos o servicios que ofrecen los distintos proveedores potenciales.
- Cuarto: pasar a ser Cliente.
- Quinto: convertirse en Evangelizador/Apóstol/Embajador de Marca. Estamos utilizando preponderantemente "recomendar".

Los voceros de la empresa brindan información sobre la compañía –a través de entrevistas en medios, redes sociales, websites, blogs y otros canales.

Los expertos, preferentemente externos, la confirman.

Los pares, de este nuevo Cliente que queremos conseguir, verifican el comportamiento de los servicios o productos en el "mundo real".

4.8. Cómo reducir el ciclo de toma de decisiones

Un gran desafío sería nombrar un "Chief Experience Officer", es decir un encargado de gestionar la experiencia global del Cliente, integrando todos los puntos de contacto posibles con un producto/marca por parte de los potenciales Cliente$ y Cliente$ actuales: Medios, Relaciones Públicas, Customer Experience, Marketing, etc.

A nivel táctico, es posible sugerir algunas acciones concretas que podrían sumar en esta dirección:

- Ofrecer interacciones con Cliente$ Satisfechos, por ejemplo, a través de la creación de grupos o comunidades alineadas por preferencias e intereses. Y mejor si lo propiciamos nosotros mismos porque si no se va a generar espontáneamente entre Cliente$ y también entre Cliente$ Potenciales y Cliente$ que ya tenemos, sin que tengamos la oportunidad de poder conocer y participar del intercambio de opiniones, que quizás no sean siempre favorables.

- Lograr la recomendación de amigos, colegas, parientes, asesores confiables y expertos externos "validados" por la opinión pública.

- Incluir nuevas tecnologías que permitan automatizar los contactos iniciales de los posibles Cliente$: por ejemplo, un chatbot en la página web corporativa que pueda interactuar y recibir las consultas más frecuentes 24X7. ¡¡¡Sí!!! Hoy el mercado ofrece múltiples alternativas adaptadas al perfil y presupuesto de cada Cliente.

- Incorporar sistemas de comparaciones de productos/servicios on line sobre la opción elegida y potencial compra.

4.9. Características del Boca en Boca

El poder del Marketing de Boca en Boca es lograr que la gente actúe.

Ofrece la oportunidad de que lo podemos generar nosotros mismos, en nuestro rol de oferentes o proveedores, aunque es más creíble que se realice espontáneamente entre Cliente$ en los canales propios de interacción y comunicación (ej.: redes sociales).

No siempre es posible controlar sus contenidos, pero es quizás más riesgoso que lo generen los Cliente$ espontáneamente, fuera de nuestro ámbito de conocimiento e injerencia. ¿Por qué? Aunque ya no se trata ni se puede "controlar" lo que se dice de una Marca, sí podemos saber qué se dice de nosotros monitoreando e interactuando luego con los consumidores en lo que transmitan como parte de este proceso en el ámbito digital.

Los mensajes generados provienen de personas/Cliente$ "independientes" que interactúan:

- de persona a persona,
- a través de wearables o todo tipo de dispositivos móviles,
- por correo electrónico, respuestas en blogs, podcasts o vodcasts,
- por las Redes Sociales.

Para Jay Baer, reconocido estratega de negocios dentro del Marketing Digital, el impacto es mayor en el "Cara a Cara" que en el "Boca a Boca" en las Redes Sociales, debido a su credibilidad inmediata.

Según distintos autores, un Cliente satisfecho habla con tres personas, pero un Cliente insatisfecho puede hablar hasta con 11 personas, y ahora lo podemos monitorear. Si hacemos las cosas bien podremos lograr el "permiso" tácito de participar en estas conversaciones, para poder dar a conocer nuestros puntos de vista sin pretender imponerlos.

4.10. ¿Compran o no compran?

El tercer paso en el proceso de la toma de decisiones de un Cliente potencial según ya vimos es "ensayar" "Quisiera ensayarlo previamente", según se trate de un producto o de un servicio. Ensayarlo para disminuir el riesgo de una decisión equivocada.

Pero ensayar casi siempre involucra tiempo, costos y a veces es imposible de realizar. Por lo tanto, la transmisión de experiencias de terceros con el uso de dicho producto o servicio que decidieron comprar, se torna en una alternativa que puede ser altamente valorada.

La experiencia, ensayo previo "directo" o prueba de concepto, no es siempre lo más conveniente y/o posible y entonces aparece toda la importancia de la experiencia "indirecta" de alguien independiente, en quien puede confiar nuestro Cliente potencial.

4.11. ¿Cómo ayudar para producir una decisión favorable?

Aquí aparece la oportunidad de utilizar el Marketing de Boca en Boca. El contacto directo de nuestros Cliente$ Satisfechos con los Cliente$ Potenciales que están buscando un proveedor del producto o servicio que justamente aquellos nos están comprando.

Normalmente los Cliente$ quieren compartir su "descubrimiento", el de nosotros como sus proveedores. Están satisfechos y quieren ayudar "de onda" a sus parientes y amigos.

Muchas veces, en el Marketing de boca en boca, se trata de involucrar a Cliente$ Satisfechos que además tienen la característica de ser personas "influyentes".

Y como cuesta lo mismo, o casi lo mismo, involucrar a un Cliente Satisfecho, ¿por qué no trabajar preferentemente con Buenos Cliente$ Satisfechos? Es más probable que así podamos incorporar a Nuevos Buenos Cliente$. En esto consiste nuestro aporte al Marketing de Boca en Boca... ¿Por qué no tratar de involucrar a nuestros Mejores Cliente$, a nuestros MVC y también convertir a mis Buenos Cliente$ en "evangelizadores", aquellos que sin que les pregunten no se cansan de hablar muy bien de nosotros espontáneamente?,

Para facilitar su rol de comunicadores <u>debemos organizar un "paquete ordenado"</u> que incluya nuestras ventajas competitivas en forma de una historia de éxitos con ellos. Algún autor, en este momento de la búsqueda de cómo ayudar a que se produzca el Marketing de Boca en Boca, describe la ciencia de los Memes: ideas que se reproducen espontáneamente.

Es posible efectuar investigaciones de cómo funciona el Boca en Boca para evitar cometer errores y focalizarse en lo que resulta exitoso.

Por último, es bueno incentivar a los que van a hablar bien de su relación con nosotros. La sugerencia es que sean motivaciones e incentivos no monetarios (también esto lo ponen en duda autores como Joseph Jaffe), sino estarían tomando la figura de lo que conocemos hoy como *influencers*.

4.12. Del interruption Marketing al Marketing Testimonial

Vamos a ayudarle a distinguir e interpretar el tránsito del Interruption Marketing al Marketing Testimonial, pasando por el Permission Marketing.

Interruption es interrupción; *Testimonial* es el testimonio favorable y *Permission* es permiso. El Marketing de Interrupción es el marketing masivo clásico cuya herramienta de comunicación es la publicidad por medios masivos que para ser exitoso intenta "interrumpir" nuestro acto de lectura, nuestra tarea de escuchar una radio, mirar un programa de televisión, o navegar por Internet.

El anunciante, con la ayuda de sus Agencias, va a emitir mensajes que deben lograr la atención de los destinatarios de dichos mensajes "interrumpiendo". Es la forma tradicional de comunicarse publicitariamente.

> **De 1800 mensajes diarios a los que estamos expuestos, nos pueden interesar, quizás, 15: es menos del 1%**

Conseguir el permiso de los destinatarios de un mensaje directo, recurriendo a su computadora para enviarles un e-mail personalizado, o a su celular o a su Red Social. Enviarles mensajes divertidos, intrigantes, siempre inesperados y siempre personalizados. Esto es el Marketing de Permiso.

Y lograr que estos Cliente$ los retransmitan espontáneamente a sus amigos, y así sucesivamente, eso es el Marketing Viral.

El Marketing del Rumor es lograr que sus Clientes, convertidos en Evangelistas y Embajadores de Marca, "gestionen" el boca en boca, transmitan masivamente la satisfacción que sienten con la utilización de su producto o servicio.

El Marketing Testimonial es lograr que SUS Cliente$ satisfechos, den la recomendación, el testimonio espontáneo de dicha satisfacción.

4.13. Un nuevo rol para sus Cliente$

Transformar en Evangelizadores a sus Clientes MVC y quizás también a sus MGC, los más valiosos y los de mayor potencial, no es un desafío menor pero es el comienzo de una exitosa campaña de Marketing de Boca en Boca / Marketing Testimonial.

Sus Cliente$ se convierten así en el Medio de comunicación, en sí mismos.

Le compran y lo recomiendan...

4.14. Sistematizando el Marketing Testimonial

Sus chances de éxito se verán incrementadas **si** incorpora elementos concretos y contundentes en el "paquete" que pone a disposición de los Cliente$ Satisfechos que van a tratar de convencer a amigos, parientes y colegas a convertirse en sus Cliente$.

El Boca en Boca (*WOM: Word of Mouth*) simplemente ocurre (o no), el Gerenciamiento del Boca en Boca (WOMM *Word of Mouth Management* es hacerlo funcionar).

1. Identifique a los Cliente$ que ya están hablando bien de sus productos/servicios/comercio.

2. Respete su forma de expresarse y el lenguaje utilizado. Su espontaneidad ayudará a su credibilidad.

3. Desarrolle los "disparadores" para provocar las conversaciones entre sus Cliente$ Satisfechos y consumidores, ávidos de encontrar un proveedor confiable.

4. Indúzcalos a que utilicen además de su propia argumentación, las razones por las cuales usted ha determinado por qué deberían comprarle a usted SU producto/servicio. Argumentos que ya habrá desarrollado en las Fortalezas de su FODA, en su Plan de Marketing y en su Estrategia de Diferenciación Competitiva.

5. Adicionalmente, un tema que hoy ocupa cada vez más la mente de los consumidores y de los Cliente$, y se constituye en una poderosa razón de compra, es la clase de Empresa que produce o desarrolla lo que adquiere y consume. ¿Cuáles son sus valores corporativos y lo que guía la sustentabilidad de su negocio?

6. Se trata que los Cliente$ dispuestos a recomendarlo sean lo más auténticos, personales y contundentes. Casi todos habrán tenido una experiencia memorable y única con su compañía, marca o producto como proveedor preferencial. Es entonces importante que también motive a sus Cliente$ a que recuerden, descubran, describan, relaten una "perla

negra": alguna experiencia positiva, única o fuera de lo común en relación a una experiencia con un producto/servicio de su compañía. Por ejemplo, que lo destaque como obsesivamente preocupado para atenderlo en forma personalizada para satisfacer sus necesidades específicas.

7. Para lograr que estos testimonios de sus Cliente$ Satisfechos se <u>retransmitan en forma viral</u> a amigos de sus amigos, indúzcalos a que sean breves, contundentes, útiles, informativos y ¡entretenidos! Preferentemente en sus propias Redes Sociales y a través de sus perfiles personales o las cuentas sociales de las compañías a las que representan o están asociados.

8. <u>Recompense a los Cliente$ Satisfechos que lo recomiendan.</u>

    En este nuevo rol para sus Cliente$ no debemos olvidarnos de que su gestión es vivida por ellos como una acción "altruista", solo para compartir con los destinatarios de sus acciones de Marketing el descubrimiento de un excelente proveedor, esmerado y responsable, con el que están muy satisfechos.

    Y para no restar credibilidad a la recomendación, piense en recompensas no monetarias...

    Esto era, ¿o es? nuestra opinión hasta que el autor Joseph Jaffe en una disertación muy reciente en Chicago durante la Annual CRM Conference enfatizó que "la recomendación de un Cliente Satisfecho es parte ineludible y fundamental de un Nuevo Marketing y que por ser un eslabón esencial en la concreción de las compras de un nuevo Cliente debe ser recompensado, si monetariamente".

    Period

---

9. Mida los resultados de su Marketing de Boca en Boca / Marketing Testimonial y luego adecue, rediseñe sus Acciones de Marketing Testimonial, si corresponde.

10. Y si está muy satisfecho y es generoso, ¡comparta los resultados de sus Acciones de Marketing Testimonial, así otros pueden beneficiarse también de la experiencia adquirida por usted!

4.15. Los virus, los vectores y las comunidades

Describiremos ahora cómo funciona la comunicación en el Marketing de Boca en Boca y en el Marketing Viral.

Aclaremos previamente que si en el Marketing de Boca en Boca procuramos el testimonio favorable de sus Buenos Cliente\$ Satisfechos, y podemos lograr que la comunicación se propague "en cadena" y automáticamente (nos referimos a que sus Buenos Cliente\$ Satisfechos se comunican con sus amigos y estos con sus propios amigos y así sucesivamente), el Marketing de Boca en Boca se habrá convertido en Marketing Viral.

Entonces las "Ideas Virus" son argumentos cuya comunicación inician nuestros Cliente\$ y luego se propagan en forma cuasi automática.

Para transmitir los Virus, harán falta Vectores. Se trata de personas con determinadas características que facilitan la comunicación. Según Malcolm Gladwell, periodista, escritor y sociólogo canadiense, autor de *Blink* o *Outliers* entre otros, una primera clasificación identifica 3 categorías:

- Connectors: tienen gran cantidad de conocidos que les prestan atención.
- Mavens: "saben de todo" y son escuchados por su sapiencia.
- Persuadors: tienen gran poder de persuasión.

A su vez las personas vuelven a formar parte de Tribus o Comunidades, grupos de afinidad. Esto significa que deberá elegir entre sus Cliente$ a los Vectores en función de las acciones de comunicación diseñadas y también por su pertenencia a una determinada Comunidad o "Tribu" (p. ej. Los concurrentes a una actividad grupal en un gimnasio; los que participan en un taller literario; los que consumen solo café molido de Colombia...).

Así el ciudadano "de a pie", mi par o "alguien como yo" como lo define el Estudio Edelman en su investigación anual Trust Barometer, muy influyente entre sus amigos, compite y a veces muy favorablemente con los líderes de opinión, por su eficiencia y credibilidad...

4.16. La recomendación de los Influencers

Seguramente que no habrá ningún, o casi ningún joven de las Generaciones Z y más aún de la de los Centennials (hasta 20 años de edad, nacidos en este siglo) que decida una compra de producto, servicio, retail o eventualmente de un profesional independiente sin dejar de consultar las redes sociales y con su Influencer/ Influenciador favorito...

Pero también lo mayores están muy influenciados por estos Influencers...

Muchas empresas lo olvidan, pero el Influenciador no hace marketing para la empresa. La fuerza de estas personas radica en la confianza que le depositan sus seguidores, por lo que su objetivo no es vender para la empresa sino mantener una buena relación con sus seguidores. Ningún Influencer va a minar su credibilidad por promocionar un producto ("Los Influencers y los Negocios", Revista Mercado el 20.5.2016).

"Los seguidores no se compran" es un interesante desarrollo de Agostina Brunetta en los que analiza (junio 18, 2019) entre otras cosas el expertise necesario de los Influencers en sus áreas específicas y su autenticidad para resultar más creíbles y poder ejercer este rol.

Estamos en un mundo con posibilidades de elección interminables para los consumidores, y si bien solo el 4% confía en la publicidad tradicional, un 85% manifiesta que prefiere los consejos de otras personas que ellos ya conocen y en las que confían. Solo se debe identificar las voces expertas a quienes sus consumidores creen, para lograr recomendaciones auténticas...

Las personas confían en pares, amigos y personas que admiran, más que en las marcas que venden los bienes propiamente dichos.

Entonces, ¿los Influencers quiénes son? Generalmente gente que se destaca por sus actividades predominantemente en Redes Sociales, en verdaderos Reality Shows, que apoyan y recomiendan los productos o servicios "para los que trabajan" basados en su *expertise*/especialización, cantidad de seguidores, etc. y la paga que reciben, constituyéndose en supuestos gurúes.

Transcribimos una de las definiciones: *Un influencer es una persona que cuenta con cierta credibilidad sobre un tema concreto, y por su presencia e influencia en redes sociales puede llegar a convertirse en un prescriptor interesante para una marca.*

Por la forma en que estamos desarrollando este Capítulo 4 Crecer con la Recomendación de los Cliente$ Satisfechos, pero también por nuestra ideología y opinión profesional, querido lector, déjenos comparar la credibilidad relativa de los Influencers (pagos) vs. la de los Cliente$ Satisfechos.

Una cosa es recibir $ a cambio de los apoyos/recomendaciones interesadas y otra es recibir una recompensa no monetaria o aun un estímulo en $, como recomienda Joseph Jaffe y vimos anteriormente, por algo que se hace "de onda", para compartir. Pero la realidad es que muchos consumidores, aun sabiendo que las recomendaciones de los Influencers están apoyadas por dinero de las marcas y las empresas justamente para lograr este apoyo, no se sienten mal por eso.

Otra cosa bien diferente es el apoyo de las celebridades en comunicaciones publicitarias en los medios tradicionales o por Internet. "Lux (jabones de tocador) es utilizado por 9 de cada 10 estrellas", o Valeria Massa como portavoz de las Tiendas Falabella: ¿se imaginan a una súper modelo como ella vistiéndose en una tienda por Departamentos *"average"*? Pero los anunciantes no son tontos, por algo lo deben hacer ¿o no?

4.17. Cómo medir la Recomendación de los Cliente$

El Net Promoter Score / NPS

En 2003, Frederick Reichheld publicó en Harvard Business Review un artículo bajo el nombre "One Number You Need to Grow" ("Un número que usted necesita hacer crecer").

El Net Promoter Score® parte de una pregunta sencilla: "¿Qué tan probable es que recomiende [la compañía X] a un amigo o colega?". Se exige al consumidor que responda esta pregunta utilizando una escala clásica de 1 a 10, donde 1 es la nota más baja y 10 la más alta.

¿Por qué es un indicador neto?

A diferencia de la clásica pregunta de recomendación que se resolvía con una escala dicotómica del tipo sí/no y permitía a las marcas identificar un % de clientes que efectivamente estarían dispuestos a recomendar y un % que no, el NPS organiza a los respondientes en tres grupos según su "intensidad" de recomendación:

- Promotores: Los que marcaron 9 o 10
- Pasivos: Los que marcaron 7 y 8
- Detractores: Los que marcaron 1, 2, 3, 4, 5 y 6

En el planteo del indicador, que mide LEALTAD y no SATISFACCIÓN, se ignoran los pasivos que responden 7 u 8 y solo cuentan las calificaciones de 9 y 10 como promotores a los que se restan los detractores para llegar al resultado final

Es un indicador SIMPLE de generar y que permite sumar otro indicador complementario al de satisfacción. Es cierto que ha recibido muchas críticas respecto a su capacidad real de determinar algo tan complejo como la LEALTAD de la cartera de clientes, pero se ha convertido en una métrica estándar de varias industrias, lo que permite realizar análisis comparativos.

Por otro lado, es importante destacar la evolución que ha tenido la herramienta en los últimos años. Si bien comenzó como un indicador en el 2003, el NPS evolucionó en el año 2011 hacia el concepto de sistema: Net Promoter System®.

Esto contempla una serie de procesos que buscan impulsar la centralidad del Cliente con el fin de **mejorar su lealtad**. Las implementaciones específicas varían en cada compañía, pero siempre prevalece el enfoque de: 1) generar información sumando la voz del Cliente, 2) sumar la voz del cliente interno, 3) identificar no solo el indicador neto sino las oportunidades de mejora que está en la base de detractores y 4) gestionar las oportunidades a partir del diseño de acciones concretas que permitan revertirlas.

Reichheld propone, sobre esta idea de "sistema":

"El Net Promoter System® es una forma de hacer negocios que requiere que todos los niveles de la organización se centren rigurosa y consistentemente en la calidad de las relaciones con los Cliente$ y los empleados, en primer lugar. La instalación del Net Promoter System requiere un compromiso estratégico por parte del liderazgo de la empresa, ya que define los valores culturales y la economía central que afecta a cada parte del sistema empresarial".

Aun con las discusiones metodológicas y los debates que este enfoque ha generado, aquí va nuestra recomendación: Si usted tiene posibilidad de sumar el NPS a su sistema de indicadores para comprender con mayor profundidad la experiencia que está generando en sus Cliente$ y la capacidad de recomendación futura, no lo dude, avance en su implementación.

4.18. "En vez de" o "además de"

El planteo, desde que se inició en 2001 el intento de sistematizar el Marketing de Boca en Boca y más recientemente al Marketing Viral, se ha dado en términos de sustituir el Marketing de Interrupción por el Marketing de Permiso y el Marketing Testimonial (porque estos últimos son más amigables y efectivos...).

¿Por qué no utilizar ambos, conjuntamente, el Marketing de Interrupción, con la posibilidad hoy de que el consumidor pueda usar un "Skip Ad" para evitar una publicidad, y el Testimonial en función del rol de cada uno?

El Marketing Masivo genera conocimiento y posicionamiento.

El Marketing Testimonial, al reconocer a cada Cliente y tratar de satisfacer sus necesidades específicas y al recibir un mensaje de un amigo confiable se convierte en una herramienta más específica y efectiva...

Y usted ¿qué opina? ¿Cuál va a ser su mix de Comunicaciones y Marketing integrados para conseguir Clientes, fidelizarlos y crecer con el Testimonio de sus Buenos Clientes más Satisfechos?

4.19. Conclusiones

Estamos ahora a fines de 2020.

El Marketing de Interrupción va dejando lugar al Marketing de Permiso paso previo al Marketing Testimonial. Los Cliente$ antes solo abrumados con tanta comunicación NO solicitada, son informados por fuentes más creíbles que las de los anunciantes. Ahora también son sus amigos, conocidos y colegas los que los nutren de información pertinente y desinteresada.

Usted ahora:

- *Con una Estrategia de Posicionamiento Competitivo, puede **Conseguir** Cliente$.*
- *Con un Programa de Fidelización, puede **Retenerlos y Venderles Más**.*
- *Con Acciones de Marketing Testimonial, puede **Conseguir Nuevos Buenos Cliente$**.*

CAPÍTULO 5

MARKETING SIN FRONTERAS

5.1. Las Fronteras del Marketing

De acuerdo con el informe elaborado por OXFAM (2019), una de las ONG más prestigiosas del mundo, "la desigualdad está fuera de control". Casi la mitad de la población vive con menos de USD 5,5 diarios. De todas maneras, hoy tenemos más "milmillonarios" que nunca (el informe registra 2208 para el último año).

El 0,7% de la población mundial concentra más del 45% de la riqueza. Y en la base de la pirámide, el 71% de los habitantes solo explican el 3% de esta riqueza.

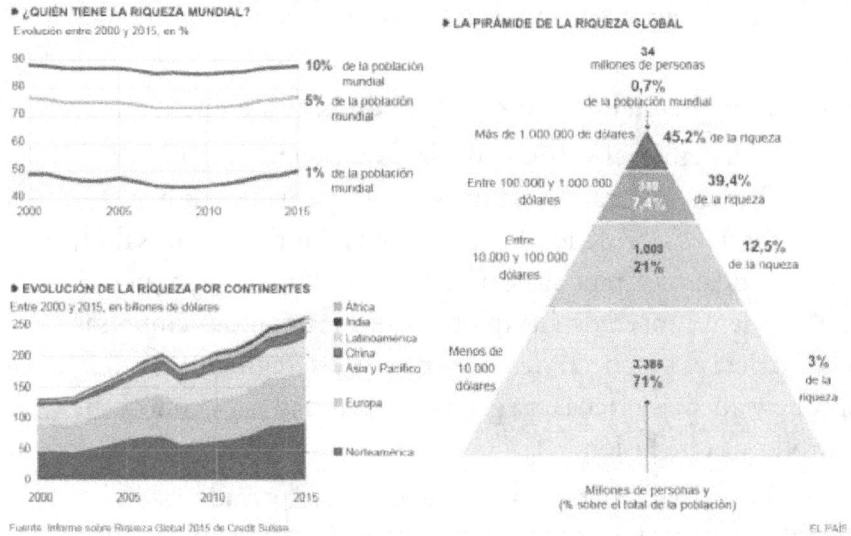

Después de 80 años de Marketing (con referencia al año 1937 cuando se fundó la American Marketing Association): ¿Qué rol ha desempeñado la disciplina en estos desequilibrios del sistema capitalista apoyado en la producción y el consumo?

**¿Somos parte del problema o
podemos ser parte de la solución?**

5.2. El punto de partida
BOP: Negocios Inclusivos en la base de la pirámide

Mi primer acercamiento con un enfoque que desde la estrategia y el marketing apuntaban a contribuir a la reducción de la pobreza en el mundo fue a través de la obra del Dr. CK Prahalad: *La Fortuna en la Base de la Pirámide*, publicado en el año 2005.

Allí, Prahalad propone un modelo que incluye dos dimensiones, aparentemente contradictorias: Desarrollar productos y servicios con modelos de negocio exitosos y rentables para la base económica de la pirámide, que al mismo tiempo tengan la capacidad de mejorar la capacidad de vida de las personas y sus comunidades locales.

En síntesis: el consumo como parte de la solución.

Lo hace mediante el estudio de la experiencia obtenida por diversas empresas dedicadas a una variada gama de industrias: consumo masivo, construcción, alimentos, agricultura, salud, servicios financieros y muchas otras. El autor sugiere que, pese a que se trata de un mercado inexplorado por las grandes empresas internacionales, el potencial de consumo de ese segmento es muy importante y además ofrece una gran oportunidad para contribuir al desarrollo y la inclusión.

Prahalad observa la paradoja de que el sector privado está vinculado solo marginalmente en la solución de problemas vitales para el 80% de la población mundial y entonces propone que las grandes compañías se enfoquen sobre este segmento que incluye más de cuatro mil millones de consumidores que viven con menos de 2 dólares al día, con el objetivo de movilizar la inversión de los grandes capitales junto con el conocimiento y de las ONGs y las comunidades locales que necesitan mejorar su nivel de vida para crear una sociedad más justa y avanzar en el camino de la erradicación de la pobreza.

En los últimos años, las organizaciones han incrementado su nivel de compromiso con las problemáticas sociales. Tal como plantea el informe "Social Progress un 2030" elaborado por la consultora internacional Deloitte, "para alcanzar los Objetivos Globales no podemos basarnos solo en el crecimiento económico; el *business as usual* ya no es suficiente".

Las empresas pueden y deben participar en la discusión referida al progreso social de las comunidades en las que operan, con el objetivo de mejorar la calidad de vida de sus grupos de interés y construir sociedades más equilibradas.

5.3. Des(equilibrios)

El Marketing Day es el congreso que realiza la Asociación Argentina de Marketing (AAM) para celebrar el Día del Marketing que, en nuestro país, es el 27 de Mayo en honor a la fundación de la Institución en 1965.

El 2020 nos encontró en este contexto de pandemia y cuarentena. La AAM aceptó el desafío y reinventó su propuesta con un evento digital que reunió a los referentes de nuestra disciplina con charlas y ponencias estructuradas bajo el eje temático: EQUILIBRIO.

Mi conferencia se desarrolló bajo el título: (DES)equilibrios: La gestión de Marketing en tiempos de cólera. Allí nos preguntábamos: ¿Estamos en el CAOS o el sistema se está ORDENANDO?

Mientras los casos de contagios y muertes se contaban de a decenas de miles en todo el mundo, el lado B de la pandemia mostraba el regreso de los cisnes a los canales de Venecia (más cristalinos que nunca), la nueva vista del Himalaya con menos contaminación y los niños pasando tiempo en cantidad y calidad con sus padres. Antes de la pandemia un niño en Capital Federal pasaba en promedio 8 horas fuera de su casa y muchos de ellos solo se veían un rato en la cena antes de dormir para iniciar otra jornada.

Estamos en tiempos de "*homestasis*". Este concepto (del griego hómoios, 'igual' y stásis, 'estado') hace referencia a la propiedad de los organismos para autorregularse y encontrar el equilibrio. ¿Cuáles fueron los desequilibrios previos que COVID solamente puso sobre la mesa, con más visibilidad que nunca?

Los #4 des(equilibrios)

Des(equilibrio) #1
La distribución de los ingresos

Hemos expuesto en la introducción de este capítulo el problema de la concentración de la riqueza. Cuando el 1% de la población puede acaparar el 50% de los recursos disponibles en el planeta, mientras la mitad de la población vive con menos de USD5 diarios.

El problema de la distribución de los ingresos muestra de manera dramática la diferencia entre regiones. Si analizamos los datos de esperanza de vida en los diferentes países del mundo, podemos ver hasta 30 años de diferencia entre los más ricos, como Japón que tienen una esperanza de vida cercana a los 84 años, y los más pobres como Sierra Leona en África con un valor por debajo de los 52 años.

Des(equilibrio) #2
La grieta digital

En estos momentos donde todos debemos estar conectados para trabajar, estudiar o vincularnos con nuestros afectos, la sustentabilidad de estar en casa está vinculados a esto, no es para todos.

En el mundo, hay 4500 millones de personas a las que no les llegan las nuevas tecnologías. Son los excluidos digitales. Que se suman al 40% que, aun teniendo algún acceso a la web, no sabe usarla. No tienen las herramientas. Son analfabetos digitales. Dentro de este universo están los estudiantes. Aquí los datos son poco alentadores. Alrededor del 40% de los alumnos del planeta no tienen acceso a Internet, es decir unos 700 millones de chicos y chicas. Y si lo llevamos al extremo y miramos el África subsahariana (85% de la población total del continente) el 90% de los niños son excluidos digitales.

¿Qué pasa en Argentina? El observatorio de la deuda social elaborado en 2019 por la UCA (Universidad Católica Argentina) nos muestra algunos resultados:

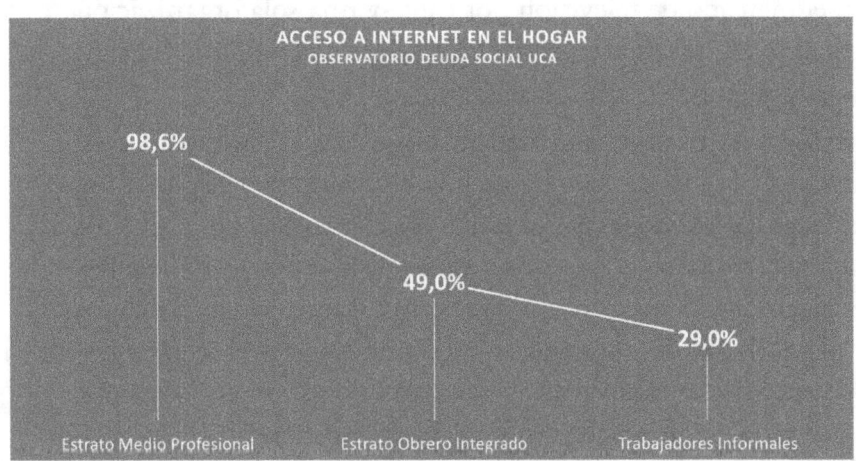

Fuente: Observatorio de la deuda social UCA

En los estratos medios profesionales los niveles de conectividad son muy altos: casi el 99%. Este valor cae al 49% en el estrato obrero integrado y se desploma al 29% en los trabajadores informales.

Des(equilibrio) #3
La concentración comercial

El valor combinado de las TOP 10 multinacionales es comparable al producto interior bruto de los 180 países más pequeños del planeta. 10 corporaciones que concentran el PBI de casi 200 naciones. Esto es un enorme desafío político, económico y demográfico.

También ofrece una gran oportunidad, teniendo en cuenta el poder de fuego que las corporaciones y sus marcas tienen para poder involucrarse con las problemáticas sociales más relevantes, inclusive por encima de los gobiernos.

En nuestro país los niveles de concentración de empresas para los sectores de actividad más relevantes es altísimo: dos empresas concentran el 82% del mercado de cervezas. Una sola compañía domina el 80% del mercado de pan de molde. Tres empresas se reparten el mercado de televisión por cable y una sola organización maneja el 99% del acero, insumo estratégico para la producción en muchos sectores de la economía.

Y aparece el último gran debate sobre la concentración económica de la mano de los oligopolios o monopolios digitales: el crecimiento de los modelos Per to Per que vinieron a resolver problemas estructurales de muchos sectores que ofrecían deficientes experiencias de Cliente como el delivery, el transporte de pasajeros o las plataformas de alojamientos temporales. En el avance ganado a través de la innovación y el diseño de propuestas de valor extraordinarias se producen algunos desequilibrios.

El diario *El País* de España se pregunta en una nota del 28 de febrero:

"¿Dónde queda el pacto social cuando un sector regulado como el del taxi sufre el asalto de inversores multimillonarios con empleados no sindicalizados y servicios más baratos?".

En medio de la pandemia, los locales gastronómicos de Ciudad de Córdoba y otros lugares del país propusieron un "apagón digital" a las principales APPS de delivery por considerarlas abusivas en su estrategia de fijación de precios:

El debate queda planteado. No creemos que la salida esté en suprimir las innovaciones que aportan valor al Cliente, pero es necesario repensar los modelos para evitar los desequilibrios y sus efectos no deseados.

Des(equilibrio) #4
La concentración residencial

Existen Fundaciones y ONG's en el mundo que trabajan para potenciar los movimientos contra migratorios. Es decir, que la gente deje de concentrarse en los centros urbanos dejando vacías las comunidades y los pueblos de origen.

El resultado de esa tendencia a lo largo del tiempo ha generado como resultado que somos cada vez más seres humanos, pero vivimos en un plantea "deshabitado".

Veamos esto representado gráficamente: Max Galka, un especialista en visualización de datos de Metrocosm, dividió el mundo en 28 millones de rectángulos de 14 kms. y pintó en amarillo a aquellos que en esa superficie tenían 8.000 habitantes y apagó el resto.

Estos desequilibrios PREVIOS que la pandemia ha visibilizado con más crudeza que nunca, ponen de manifiesto la necesidad de imponer una agenda de DESARROLLO por sobre la idea del CRECIMIENTO INFINITO.

5.4. Desarrollo VS Crecimiento

El **crecimiento** es un aumento o incremento de algo, mientras que el **desarrollo** indica una transformación o una evolución.

El crecimiento económico es definido a partir de la capacidad de una economía de aumentar el nivel de producción de sus bienes y servicios. Según Kusnetz, se refiere a "un incremento sostenido del producto per cápita o por trabajador". Este crecimiento puede ocurrir por aumento en los factores de la producción: tierra, capital y trabajo, o bien por un incremento en la productividad de los mismos.

No son conceptos contrapuestos, sino que se complementan. Sin una economía que se expande no puede haber bienestar. Es posible generar crecimiento sin desarrollo, aunque no podremos producir desarrollo sin crecimiento previo.

En este contexto, los ODS representan una oportunidad histórica para alinear a los Gobiernos de todo el Mundo con las empresas y la sociedad civil. Los Objetivos de Desarrollo Sostenible (2015-2030) son una iniciativa impulsada por Naciones Unidas para dar continuidad a la agenda de desarrollo tras los Objetivos de Desarrollo del Milenio (ODM).

Son en total 17 objetivos y 169 metas que incluyen ahora nuevas dimensiones como el cambio climático, la desigualdad económica, la innovación, el consumo sostenible, la paz, y la justicia.

5.5. Desarrollo Sustentable

Como hemos visto, los enfoques vinculados al concepto de "desarrollo sustentable" desde la estrategia corporativa y el marketing han tenido un fuerte avance en los últimos años a nivel internacional y a nivel local.

Desde el año 2015 con nuestra unidad de investigación asociada al CONICET en la Facultad de Ciencias Económicas de la Universidad Católica de Córdoba liderada por el Dr. Enrique Bianchi, venimos abordando el concepto de desarrollo sustentable desde la perspectiva del Marketing, que analiza la contribución y participación de los diferentes agentes del sector público, el sector privado y la comunidad sobre la sustentabilidad de los procesos de intercambio de bienes y servicios: **empresa, consumidor, Estado y organizaciones sociales.**

El Modelo de investigación UCC FACEA / UA Conicet
El Diamante del Desarrollo Sustentable

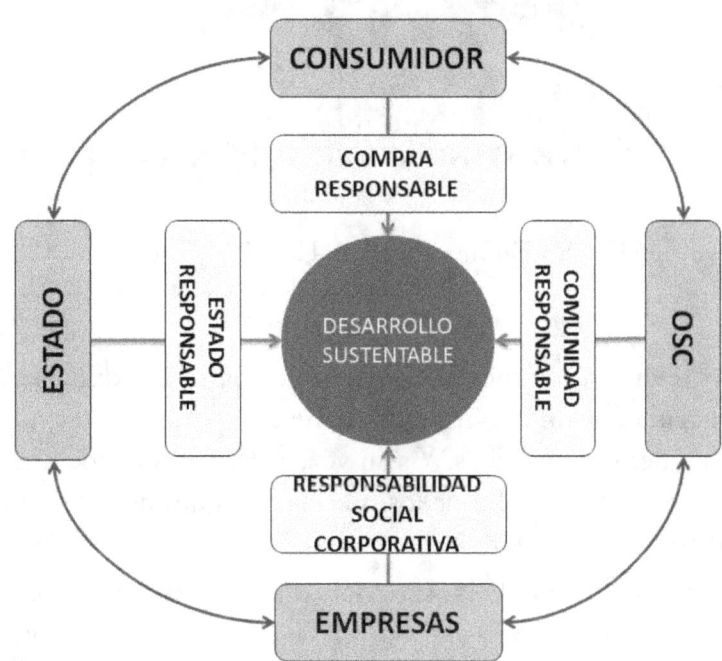

Fuente: Dr. Enrique Bianchi y Lic. Gaspar Gracia Daponte

5.6. Los tres niveles de esta evolución
Contexto económico, organizacional y funcional

En los trabajos más recientes sobre nueva sociología económica se destaca el análisis hecho por Andrew Hoffman y sus colaboradores acerca de las organizaciones híbridas (Haigh y Hoffman, 2012 y Hoffman y Badiane, 2012). La idea central es que Las fronteras que separaban por un lado a los movimientos sociales y del otro lado a las empresas se han ido borrando con el tiempo.

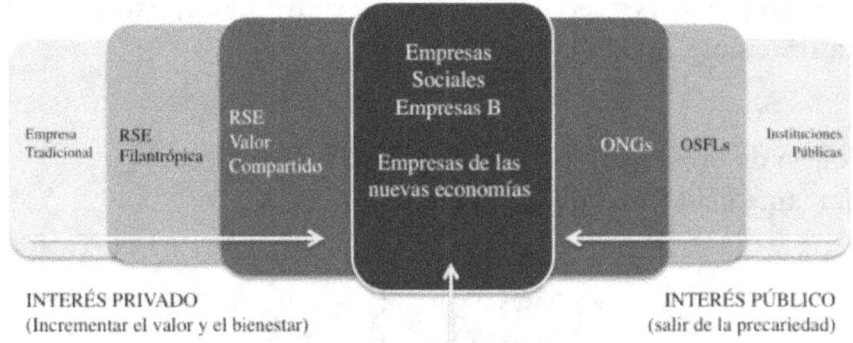

NUEVAS ORGANIZACIONES HÍBRIDAS
(Búsqueda de sentido)

Fuente: Haigh y Hoffman (2012) y Hoffman y Badiane (2012),
ambos citado en Correa et al. (2019).

Esta evolución en los modelos organizacionales sin duda ha sido influenciada por un movimiento de nivel superior, en términos macro y micro económicos. Y a su vez, se ha convertido en el marco ideal para el desarrollo de los nuevos enfoques del Marketing en la dimensión funcional.

Basados en los planteos de Hoffman, hemos ampliado el marco de análisis incluyendo entonces tres niveles o contextos evolutivos:

1. económico

2. organizacional

3. funcional

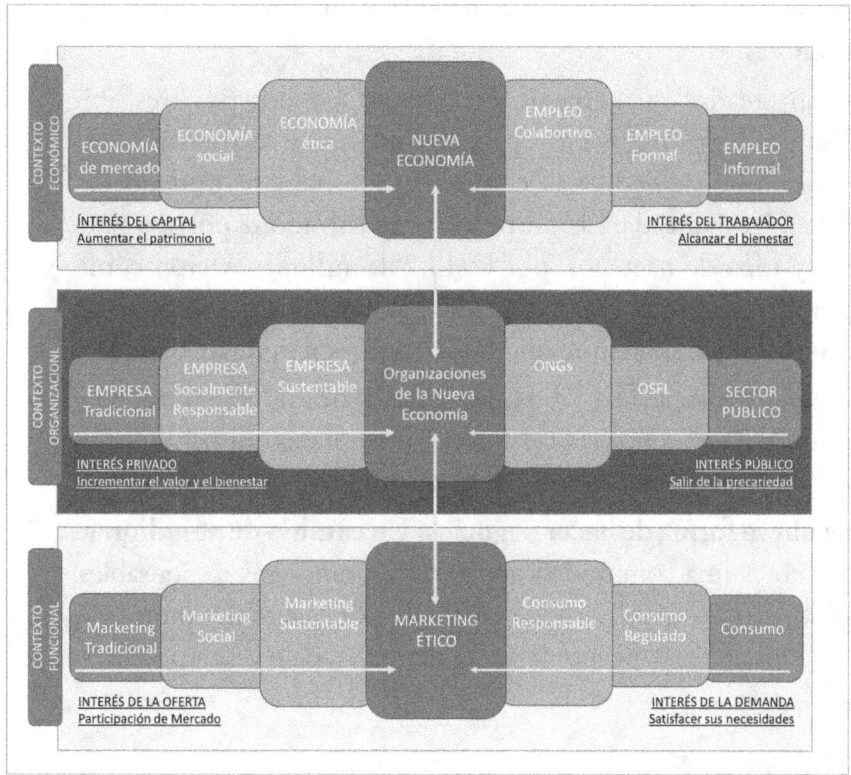

El contexto económico en el nivel superior ha evolucionado desde la economía de mercado hacia la "nueva economía", generando el espacio para la conformación de nuevos modelos organizacionales y nuevas prácticas de Marketing a nivel funcional.

Contexto Organizacional

En el contexto social de América Latina, una de las regiones más desiguales del planeta, pero con grandes recursos naturales y ener-

257

géticos, la comunidad empresarial y la ciudadanía van tomando cada vez más conciencia de la necesidad de "redefinir el éxito empresarial" y aparecen los nuevos modelos de organizaciones "híbridas".

Un ejemplo de estos formatos está en el modelo de EMPRESAS B, de gran crecimiento en el mundo y en América Latina en los últimos años.

Fueron creadas inicialmente en Estados Unidos por tres emprendedores llamados Jay Coen, Bart Houlahan y Andrew Kassoy. En 2006, luego de vender la compañía que habían fundado llamada ADN1, dedicada a la fabricación de calzado deportivo para Básquet y ropa de negocios, por USD 250 millones, vieron cómo los nuevos accionistas dejaron sin efecto las buenas prácticas de impacto social y medio ambiental que ellos habían desarrollado.

Ese episodio impulsó a los ex propietarios de ADN1 a crear una organización que reconociera la labor de las empresas que pensaran en una gestión responsable, más allá de su rentabilidad financiera: B Lab.

Una nueva forma de hacer negocios. Un cambio de paradigma. Hoy B Lab es una comunidad que agrupa a empresas responsables. Otorga la certificación "Empresa B" (*B Corp*, en inglés) y promueve cambios legislativos para apoyar a este nuevo modelo de empresa.

5.7. Contexto Funcional
Hacia un Marketing Ético

Como complemento a las dimensiones del modelo de desarrollo sustentable que utilizamos en el proyecto de investigación FACEA, hemos sumado el enfoque del Dr. Kliksberg en sus trabajos relacionados con la economía ética para el desarrollo.

Kliksberg es uno de los pensadores económicos y sociales más reconocidos en Argentina y América Latina. Autor de 65 libros difundidos a nivel global, doctor honoris causa por más de cuarenta universidades de América, Europa y Asia y considerado como el "padre" de la Responsabilidad Social Corporativa. Es una autoridad en Capital Social, una nueva área del conocimiento de amplísimas aplicaciones económicas, gerenciales y sociales. Se lo considera además el creador de una nueva disciplina, la Gerencia Social, que se ha difundido en toda América Latina, aplicándose extensamente en la lucha contra la pobreza.

Su visión sobre el "rol social" de las organizaciones es muy clara. Kliksberg plantea que la empresa:

"tiene que responder a sus dueños. Pero, junto a ellos, a un conjunto muy amplio de actores sociales que hacen posible su misma operatoria, y cuyo concurso necesita para poder ser exitosa. Son involucrados porque las decisiones de la empresa los afectan directa o indirectamente".

Uno de sus principales postulados se resume de una manera poderosa en esta declaración:

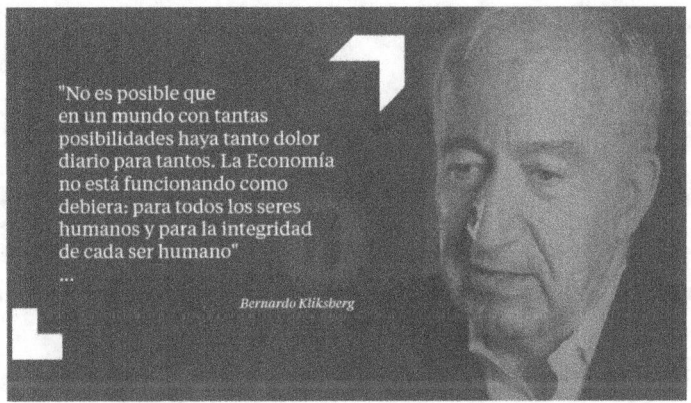

Con este marco, introducimos el enfoque de Marketing Ético. Un enfoque sustentable para la producción de bienes y servicios.

Marketing Ético para la transformación. (GGD 2019)

Un enfoque que tiene a las marcas con propósito en el centro y 4 dimensiones que articulan el proceso de producción y comercialización de bienes y servicios:

1. **Desde la OFERTA**: Prácticas alineadas al modelo de Comercio Justo.
2. **Desde la DEMANDA:** Promover el Consumo Responsable
3. **Coopetencia y co-creación** como filosofía y enfoque de construcción.
4. **Revalorización de la identidad y el valor de lo local.**

Comercio Justo

Empresas y organizaciones alineadas a los principios de la World Fair Trade Organization.

Estableciendo oportunidades para productores desfavorecidos, con precio justo, prácticas comerciales equilibradas con todos los actores de la cadena de producción y comercialización.

Consumo Responsable

El consumidor responsable es un Cliente informado y consciente de sus derechos como compradores de productos y servicios que buscan con sus acciones el menor impacto ecológico y un mayor efecto positivo en la sociedad. En esta dimensión, la gestión de marketing ético se concentra en promover prácticas de consumo responsable sobre sus mercados de demanda: Cliente\$ consumiendo lo necesario (intercambiando, reciclando y reparando) y dando prioridad a productos ecológicos, canales de proximidad y productos derivados de "comercio justo".

3. Coopetencia y Co-Creación

En oposición a los modelos apoyados en la confrontación, la coopetencia combina las ventajas de la competencia y de la cooperación en una nueva dinámica que puede ser utilizada no solo para generar mejores resultados de negocio, sino para cambiar la naturaleza del entorno.

4. Revalorización de la Identidad y "lo local"

El lanzamiento de la pre-colección primavera-verano de la marca de lujo Chanel en 2017 generó una polémica global.

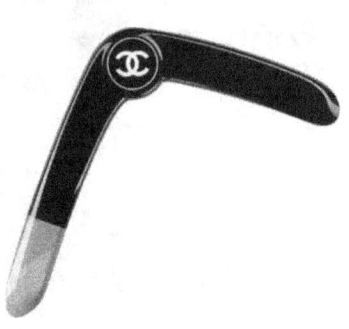

Además de algunos accesorios no tradicionales y con precios realmente altos (un juego de pelota y paletas para playa a 3700 euros) la colección incluyó un boomerang con un precio de 1600 euros, que fue viralizado por la modelo Jefree Star que posteó una foto con el producto en su mano y la frase: *"Having so much fun with my new #Chanel boomerang".*

El boomerang es la herramienta utilizada por los aborígenes australianos a la hora de la caza, la guerra y las ceremonias. Es un elemento identitario de la cultura de grupos originarios de esa región. El uso "comercial" de este activo intangible que hizo la marca generó múltiples rechazos de los usuarios y de referentes de la comunidad. ¿Qué hubiera pasado si CHANEL se hubiera propuesto vincularse con esta cultura y co-crear una plataforma que permitiera visibilizar a través de este producto esta cultura e impactar positivamente sobre la comunidad originaria a partir de los resultados comerciales?

El enfoque de las marcas éticas debe plantearse este desafío. El poder de la marca conectado con un propósito superior. El consumo como fuerza de transformación.

Donde comprás importa

En el marco de la pandemia, VISA ha lanzado su nueva campaña titulada: "donde comprás importa". El objetivo central es promover que los tarjeta-habientes de la marca prioricen en sus compras la elección de comercios de cercanía. ¡La tarjeta número uno del mundo enfocada en potenciar el movimiento comercial de los negocios de barrio!

5.8. Ethical Brands Model

A partir de los cuatro ejes definidos en el modelo de marketing ético y sumando el propósito que ubica el centro, hemos desarrollado la matriz EBM: Ethical Brands Model, que funciona como una herramienta de diagnóstico y gestión de marcas éticas.

Organizada a partir de dos ejes centrales y un vector de amplificación que propone cuatro categorías de marcas principales de acuerdo al nivel de desarrollo que alcanzan en las variables analizadas:

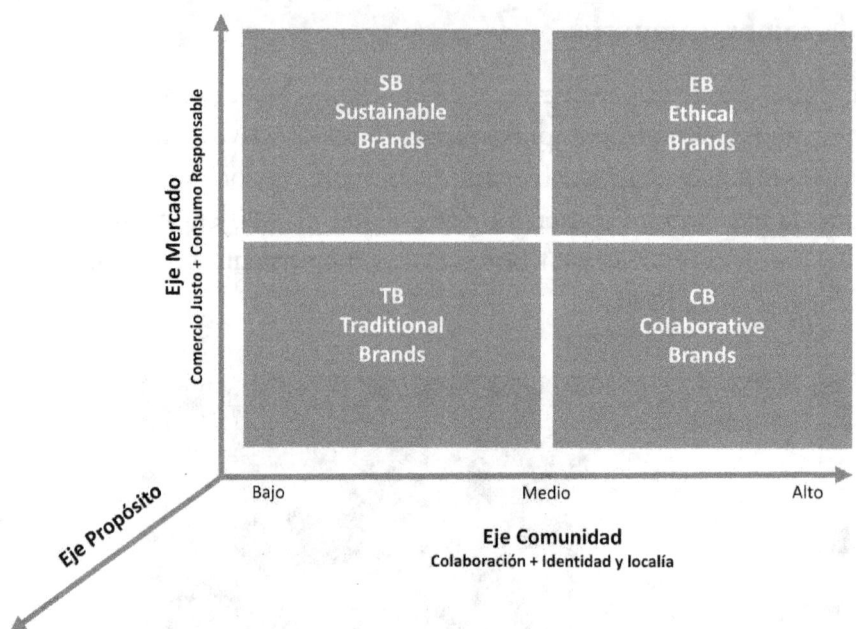

Fuente: EBM: Ethical Brand Model. Gaspar Gracia Daponte 2020.

1. **EJE MERCADO**: es la combinación de las variables que están contempladas en las dimensiones horizontales del modelo que articulan la oferta y la demanda, a partir de prácticas de comercio justo y consumo responsable.

2. **EJE COMUNIDAD**: es la combinación de las variables que están contempladas en el eje vertical del modelo y que focalizan el análisis en las prácticas de coopetencia, cooperación y revalorización de la identidad local.

3. **Y EL PROPÓSITO COMO VECTOR DE AMPLIFICACIÓN.**

¿Cuál es el desafío?
Un modelo que contribuya al equilibrio

En el nivel macro, generar las condiciones para seguir produciendo riqueza, con políticas activas de distribución en un modelo que priorice el desarrollo sustentable

A nivel micro, en nuestra dimensión funcional, promover una visión ética del marketing apoyada sobre los principios del comercio justo, el consumo responsable y la revalorización de las identidades locales.

Seamos parte de la solución.

Seamos agentes de transformación.

Tenemos el poder para lograrlo y es nuestra responsabilidad, no solo para nosotros y nuestras marcas, sino para las generaciones futuras.

CAPÍTULO 6

Casos de Éxito
Premios Mercurio AAM

6.1. Los Premios a la Excelencia del Marketing Argentino

Por Mariano Fernández Madero
Director Ejecutivo de la Asociación Argentina de Marketing

Reflexionar profundamente sobre el marketing y el valor educativo del Premio Mercurio, implica cuestionarnos por qué hacemos lo que hacemos, y cuáles son nuestros objetivos más esenciales al generar un proceso con valor educativo. Es crear un ejercicio que pone de manifiesto que el secreto comienza en el adecuado planteo del problema antes que en la búsqueda de su solución, que la autoevaluación sincera y la habilidad de desaprender las preguntas que nos habíamos hecho, nos conduce a respuestas tan complejas como nuestra propia misión vital y el desandar el camino del "Mercurius" nos ayuda a respetar mucho mejor el poder de la evidencia.

El Premio Mercurio, lleva su nombre por el Dios Romano del Comercio, en latín Mercurius, era uno de los doce dioses del Olimpo, hijo de Júpiter el rey de los dioses y de Maya Maiestas (una de las Pléyades). Mercuruis, tenía dos particularidades: la primera, se dotaba de unas Talárias romanas (zapatillas) pero con 2 alas en cada costado, como símbolo de la mayor velocidad de desplazamiento, y capacidad de poder llegar más rápido de un mercado a otro, sea corriendo o incluso volando. La segunda, el Petasus, sombrero que se convierte en un casco de metal, también con alas, como un símbolo de mayor velocidad de pensamiento y transmisión de la información. Mercuruis está relacionado con la palabra latina Merx, que significa mercancía.

Por otro lado los antiguos identificaran al planeta Mercurio, por este personaje, pues es visible a simple vista en los amaneceres o atardeceres, donde observaban que su movimiento era más rápido que el de los otros planetas, de modo que es normal que lo identificaran con el más veloz de los dioses del Olimpo. Se le atribuye al Dios Mercurio ser el inventor de cosas buenas como: el trueque, el lenguaje, el alfabeto, el instrumento musical de la lira, los pesos y medidas.

En honor a ese Dios, el Premio Mercurio fue creado por la Asociación Argentina de Marketing durante 1981, bajo la Presidencia de Mario Eguía, para premiar la mayor velocidad en llegar a un Mercado o crear un Comercio exitoso y con la finalidad de distinguir la Excelencia en Marketing y promover el desarrollo y la valoración de esta disciplina. Se logró la primera premiación en 1982 y desde entonces el Premio Mercurio se destaca como el reconocimiento nacional más importante a las empresas que hayan implementado un plan de marketing exitoso. Este galardón distingue tanto a las Empresas como Instituciones que, trabajando en equipo con Agencias de Publicidad, Agencias de Investigación, Consultoras u otras, hayan contribuido con el desarrollo del Pensamiento puesto en acción a través de un caso concreto con buenos logros.

Podrán aspirar al Premio Mercurio todas las empresas, tanto públicas como privadas, con actividad exclusiva en el país o las que operan internacionalmente, organismos públicos nacionales, provinciales, municipales, u otros que hayan contribuido a desarrollos regionales, tecnológicos o de bien público, desarrollando Estrategias exitosas de Marketing.

El Jurado del Premio Mercurio

Son tres categorías: 1) Jurados Expertos, son aquellos altos Directivos o Académicos Titulares habitúes durante años de las sesiones de Evaluación. 2) Jurados Idóneos son aquellos Directores de Marketing o Similares que han presentado casos y/o que han concurrido en distintas oportunidades, pero no tienen tantos años viviendo la experiencia de los Jurados Expertos. Y 3) Jurados Nuevos. Son aquellos con un excelente Currículum en Marketing pero que no tienen experiencia anterior en las sesiones del Premio Mercurio.

Que se desempeñan en diferentes ámbitos donde realizan su actividad: el Mundo Empresario, el Mundo Académico, el Mundo de la Consultoría, el Mundo de los Medios de Comunicación y el Mundo de las ONG's.

Presentación del caso

La estrategia de Marketing, objeto de la presentación históricamente, era presencial y en este 2020 se realiza a través de canales digitales. El plan de marketing deberá corresponder a productos y/o servicios comercializados durante un período cuyo diagnóstico debe haberse hecho entre los últimos (10) diez años y los últimos 6 meses previos a la Presentación del caso, de tal forma de contar con:

Una Introducción: donde contaremos una Historia muy breve de la Empresa desde el momento de su creación hasta el año anterior al año del Diagnóstico, utilizando entre 1 minuto y 3 minutos de tiempo del video para esa Introducción Histórica para que se entienda desde dónde venimos y hasta dónde llegamos al momento inmediatamente anterior a generar el Diagnóstico.

Factores puntuables en la evaluación del Jurado:

Diagnóstico: veinte (20) puntos: comienza describiendo el año en que se desarrolló el Diagnóstico del caso, presentando el contexto del producto o servicio a presentar, el mercado y la competencia, el análisis de la situación y el reconocimiento de los hechos, factores y/o circunstancias determinantes del planteo inicial del caso. Se puede realizar un recorrido del estado de ese momento de las 5 "P" Producto, Precio, Plaza, Promoción, Presencia de Marca. Este enfoque ayuda bastante en algunos casos a que se comprenda mejor todo lo que se pensó como situación de arranque, para mostrar luego lo que se hizo.

Visión Estratégica: quince (15) puntos: resumen de las tendencias identificadas y de los comportamientos Pronosticados y las proyecciones a futuro de las variables relevantes. Simulaciones de las opciones que se pensaron como deseables dentro de las posibles y sus respectivos resultados teóricos esperados. Razones o fundamentos de la opción seleccionada y la Visión estratégica consensuada. (Normalmente la más probable dentro de las más deseadas siempre sobre las Alternativas posibles, como, por ejemplo: recursos disponibles, reacciones competitivas previstas, porque nos generaban mejor posicionamiento, o mayor conocimiento de un nuevo mercado, o mayores oportunidades de expansión, o porque mejoraban la rentabilidad con el mismo esfuerzo de inversión, etc. etc).

Objetivos: diez (10) puntos: síntesis de los objetivos y metas que se determinaron tanto cualitativos como cuantitativos y fijando plazos de ejecución (deben ser claros, cuantificables, medibles o que puedan percibirse en relación a los estándares de ese mercado).

Acciones: veinticinco (25) puntos: luego de haber realizado un Diagnóstico claro, haber desarrollado una Visión Estratégica General y ponderado un pronóstico probable dentro de las tendencias investigadas, simulaciones realizadas, haber elegido una alternativa factible y haber fijado Objetivos precisos, será necesario diseñar las estrategias particulares y las tácticas necesarias más eficientes, para lograr los objetivos propuestos. Para luego contar las acciones implementadas dentro del plan confeccionado, ya sean de Producto y/o de Precio y/o de Canales y/o Promocionales (publicitarias, de marketing directo, logísticas, multimedios, o cualquier otra) y/ de Presencia de Marca, que ayuden a mostrar la forma en que se fue avanzando para finalmente cumplir los objetivos planteados.

Resultados: treinta (30) puntos: no se refiere solamente a la magnitud de los valores numéricos obtenidos, también al logro de los objetivos propuestos, relacionados con una adecuada gestión de las cuatro etapas precedentes. Deben presentarse comparando la Base, el Objetivo y el Resultado, detallando logro por logro. La información presentada debe mencionar obligatoriamente su fuente, aun en el caso de uso de datos "secundarios" reelaborados por la propia empresa. Si la empresa no desea mostrar las cifras propias y del mercado, la utilización de "números índices" será aceptada, en tanto y en cuanto se indiquen las fuentes en las cuales se basen los mismos. La no mención de las fuentes, en ambos casos, podrá ser considerada como un factor de disminución del puntaje del caso por parte del jurado. Son Resultados del caso todo aquello que sea un logro de marketing como por ejemplo, un aumento en las ventas, una mejora de la rentabilidad, un cambio positivo en el posicionamiento, una ampliación de los canales de Distribución, una mejora en el Awareness de Marca, una mayor presencia positiva en los medios o en las redes sociales, conquista de nuevos mercados o nuevos consumidores, mejora en el NPS, mayor participación de mercado.

Determinación de los Ganadores

En cada Categoría habrá un ganador que recibirá un Premio Mercurio, en cada División, que surgirá del caso con mayor puntuación promedio, otorgada por el Jurado, y validada por los Auditores, siempre y cuando, ese caso, haya alcanzado los 70 puntos, establecidos como puntaje de corte, por debajo del cual, esa categoría, en esa División, quedará desierta.

Con este importante proceso de reflexión, razonamiento e intuición encontraremos la forma de lograr ser creativos para luego ser innovadores, si aplicamos la visión de los Océanos Esmeralda al proceso de pensamiento estratégico del Premio Mercurio.

Bucear en uno mismo

He leído que el más alto nivel de la simpatía es la admiración, porque al admirar reconocemos que lo admirado se acerca a nuestro ideal; por eso el hombre sincero admira las obras ajenas en razón directa del goce que sentiría si él mismo las hubiera creado. Ningún sentimiento revela mayor espíritu de justicia y ninguno tiene más alto valor educativo. Porque la simpatía comprende al amor y solo quien comprende abraza.

Leí sobre la importancia de amar las diferencias. Si las flores no se distinguieran por su aroma, su forma o su color, jamás nos detendríamos a admirar a una en particular. Creo que para disfrutar nuestras diferencias, debemos navegar hacia el interior de nuestra esencia como personas, porque solo si logramos simpatía con nuestra alma, lograremos empatía con el alma de los demás.

Leí que el que no ama su trabajo, aunque trabaje todo el día es un desocupado. Debemos amar nuestros trabajos tan intensamente como nuestros sueños, así sentiremos que estamos ocupados en algo grandioso, porque el hombre justo sueña, hace y ama a los virtuosos, a los que estudian y a los que trabajan y aumentan con su esfuerzo el bienestar de los demás. Por eso parafraseando a Albert Einstein "Intenta no volverte un hombre de éxito, sino volverte un hombre de valor".

En este capítulo final se presentan 3 casos ganadores de Premios Mercurio en diferentes categorías, pero tienen algo en común: se trata de empresas del interior, medianas y grandes, que nos demuestran el valor del marketing como herramienta de crecimiento y de transformación.

El mundo de ayer evolucionó al de hoy, solo porque hombres visionarios pensaron y encararon con voluntad proyectos ambiciosos.

CASO MANANTIALES
GRUPO EDISUR

1. Contexto

En el año 2001, nació en Córdoba EDISUR, una empresa que se convertiría en las siguientes dos décadas en uno de los referentes del mercado desarrollista del interior del país. Desde sus comienzos, la empresa apostó por la innovación. En 2002 desarrollaron un nuevo formato de producto inmobiliario denominado CASONAS que se convirtió en marca registrada e inauguró una tipología que antes no existía y que funcionó como una gran herramienta para el posicionamiento de la marca y el desarrollo comercial.

Esta desarrollista es una PyME del interior del país, y siempre tuvo claro que el camino para el desarrollo sustentable estaba en la profesionalización de todas las áreas de su gestión y en la innovación como fuente de ventaja competitiva.

En este contexto, y como parte de su estrategia financiera lanzó en 2003 sus primeras ON por USD 1,5 millones (obligaciones negociables). A partir del 2004 empiezan los desarrollos de countries y barrios cerrados. Completan de esta manera su portafolio de productos que hasta aquí estaban enfocados solo en "ladrillo".

Los orígenes de Manantiales

En el año 2005 adquieren el primer terreno en la zona sur, totalmente degradada pero con alto potencial de desarrollo. Allí lanzan "Manantiales Country" y "Altos de Manantiales". Tres años después, en el año 2008, se concreta el primer acuerdo de participación público privado con el municipio de la ciudad de Córdoba para avanzar en el desarrollo de un Mega Emprendimiento de 170 hectáreas.

Entre 2009 y 2011 se presenta en sociedad MANANTIALES y comienza un proceso inicial de diversificación de productos dentro de este espacio general.

2. Diagnóstico

En el 2015, la empresa estaba iniciando los festejos de sus 15 años de vida. Contaba ya entre sus pergaminos con 36 proyectos realizados y experiencias regionales fuera de la ciudad de Córdoba. Aún era una desarrollista fuertemente orientada al segmento ABC1 de compradores e inversores. La marca no estaba posicionada en el mercado como una propuesta "accesible" a los segmentos medios. Manantiales se había convertido en un "gran barrio" de la zona sur. Era un producto consolidado.

Y en esta instancia la empresa se enfrentaba a dos caminos posibles: ¿mantener la propuesta de valor y el posicionamiento actual o redefinir el proyecto para dar un salto cualitativo?

Manantiales como un producto multiformato y sinergizarlo en el corredor

VS

El diseño de una plataforma urbana que trascienda los límites del producto

3. Objetivos

Establecido el desafío de avanzar sobre el diseño de una plataforma urbana que pudiera trascender los límites del producto, se plantearon los objetivos centrales para el proyecto:

- Expandir el posicionamiento del formato y de la marca a nivel provincial, nacional e internacional.
- Consolidar la diversificación de productos inmobiliarios dentro de la plataforma.
- Duplicar la cantidad de lanzamientos anuales (nuevos productos).
- Descremar el mercado, para llegar con más potencia a los segmentos de NSE C2 y C3.
- Incrementar la participación de "clientes manantiales" sobre el total de la cartera.
- Consolidar los indicadores de satisfacción y de lealtad de la cartera de clientes.

4. Plan de Acción

Teniendo en cuenta los objetivos, el equipo avanzó en el diseño de la estrategia con un principio rector: pensar la Estrategia de Marketing en modo 4.0:

Fuente: Mkt Total. En base a Marketing 4.0. Philip Kotler.

En 2010, el profesor Philip Kotler publicó su obra *Marketing 3.0*. Allí describía la evolución del marketing orientado al producto (1.0) hacia el marketing centrado en el cliente (2.0) y finalmente el marketing centrado en valores (3.0). En Marketing 4.0, las marcas deben centra su enfoque en el "propósito". Vincularse con clientes que además de satisfacer sus necesidad tienen el desafío de colaborar con la marca y la sociedad para crear un mundo mejor. Son marcas "humanizadas", omnidireccionales e hiperconectadas. Con un equilibrio dinámico entre el mundo off line y el on line.

Manantiales se convirtió en una **MARCA CON PROPÓSITO**. Con el objetivo de liderar la categoría con eficiencia y rentabilidad, pero con el foco puesto en producir impacto económico, social y ambiental positivo.

El enfoque estratégico
Apoyado en 4 EJES CENTRALES:

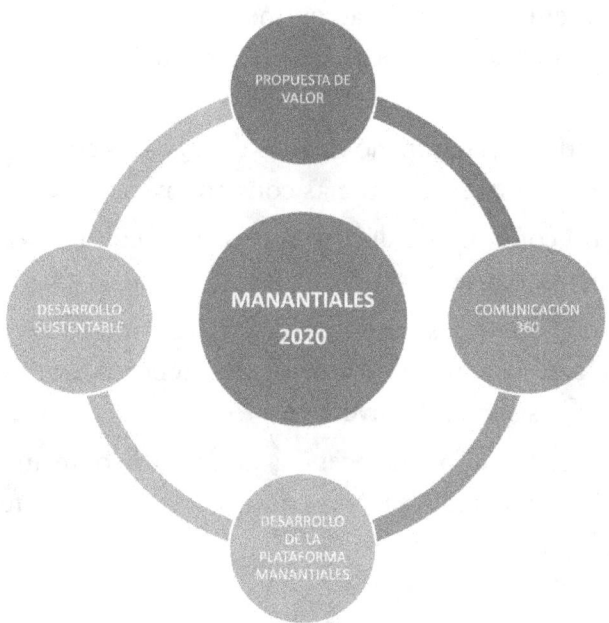

Eje 1: Propuesta de Valor

Este desafío, con una escala de negocio diferente, exigió un cambio en la propuesta de valor. La compañía avanzó en el desarrollo de nuevos productos, nuevos modelos de negocio para vincularse con el mercado de inversores y consumidores y el desarrollo de nuevos canales de comercialización.

La P de producto fue una variable central. Esta nueva plataforma urbana necesitaba un rediseño del portafolio de productos que pudiera completar cada corredor de esta "nueva ciudad dentro de la ciudad". De esta manera, se diseñaron y lanzaron en esta nueva fase propuestas de tierra (loteos) y ladrillo para los diferentes segmentos contemplados en la propuesta:

279

- Prados, Solares, Terrazas y Colinas de Manantiales: 1.000 lotes de distintas dimensiones 250, 360 y 400m2.

- Casonas Residence: un nuevo concepto en la categoría casonas, manteniendo la calidad en menor cantidad de unidades, compartiendo una localización central y con servicios de vigilancia articulados.

- Casas Mirador: un complejo de más de 20 casas construidas construidos con nuevos sistemas constructivos.

- Casas E: un conjunto de dúplex construidos con nuevos sistemas constructivos.

- Housing de Miradores: casas de 1, 2 y 3 dormitorios en un complejo con vigilancia y amenities, comercializado con PLAN MIO (sistema de inversión propio).

- Miradores Shop: la primera etapa de locales sobre uno de los corredores comerciales, construidos con nuevos sistemas constructivos.

Otro elemento clave en esta dimensión fue el desarrollo de una nueva unidad de negocios denominada SteelPlex: una fábrica de casas con sistemas constructivos de nueva generación.

Eje 2: Comunicación 360

El plan de comunicación se apoyó sobre 4 pilares centrales:

La primera decisión, alineada al enfoque estratégico de la plataforma MANANTIALES, fue la unificación de la identidad de marca y su portafolio de productos.

Eje 3: Plataforma Urbana Manantiales

El desarrollo de la plataforma urbana implicó trabajar en 3 ejes centrales:

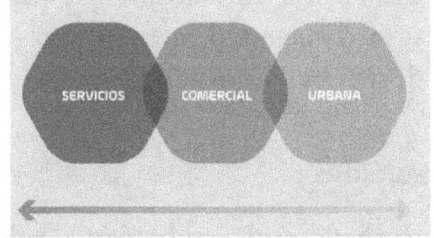

- **Servicios:** diseñar una estrategia de captación de inversores para enriquecer la propuesta inmobiliaria con servicios clave como Colegios, Clubes, Clínicas y Supermercados.

- **Comercial:** EDISUR desarrolló un proyecto a medida para el desarrollo comercial con 3 formatos sinérgicos y complementarios para contener toda la propuesta de comercios y servicios necesarios para los residentes de la nueva ciudad.

- **Urbana:** a través de un esquema de concertación público-privada se realizaron Megaobras y espacios públicos de calidad dentro de la plataforma: rotondas, puentes y espacios verdes.

Eje 4: Desarrollo Sustentable

La estrategia de desarrollo sustentable se organizó a partir del enfoque de TRIPLE IMPACTO: ambiental, social y económico.

- **Ambiental:** Se trazó el "corredor ambiental" de más de 60 cuadras para especies nativas. En paralelo la compañía logró la certificación leed para el edificio corporativo que está construyendo dentro de manantiales. Incluyó también el diseño de un barrio sustentable con normas EDGE.
- **Social:** Este fue uno de los ejes centrales del desarrollo sustentable. EDISUR diseñó el Programa Próximo: Inversión Social Articulada.
- **Económico**: Se conformó una "Red de Proveedores" para singerizar las oportunidades de desarrollo económico vinculadas a la plataforma urbana MANANTIALES, además de una "Bolsa de Trabajo" que permitió unir los recursos humanos que están fuera de la plataforma con las necesidades de servicio de los residentes.

5. Resultados

El resultado principal ha sido la reconversión total del entorno, generando VALOR para toda la comunidad, dentro y fuera del proyecto.

- La marca cerró el 2018 liderando el ranking de liderazgo percibido en la categoría de desarrollistas. El nivel de satisfacción de los propietarios alcanzó un promedio de 9,2 puntos, y el indicador de lealtad NPS 40% de valor neto.
- En los 5 años de desarrollo del proyecto, lanzaron más de 35 emprendimientos residenciales: 15 urbanizaciones, 7 Caso-

nas, 7 proyectos de casas y housing, 3 complejos de edificios y 2 countries, duplicando la cantidad promedio de lanzamientos.

- El crecimiento de unidades vendidas a nivel interanual superó el 130%, con más de 5500 propietarios que eligieron productos dentro de la plataforma MANANTIALES.

- Ampliaron la participación de los NSE C2 y C3 dentro de la cartera. Más de 1500 familias y 5000 personas VIVIENDO dentro de MANANTIALES.

- Impacto económico: más de 3.000 puestos de trabajo directo e indirecto anuales: más de 400 Pymes locales activas.

- A nivel ambiental: más de 60 hectáreas de espacio verde en el Parque La Cañada: que se ha convertido en el 3er parque más grande de la ciudad de Córdoba. El corredor de lapachos blancos más extenso del mundo (1.750 ejemplares) y corredor ambiental de 60 cuadras con 3.000 especies nativas.

Hoy MANANTIALES supera las 1000 hectáreas. Y en los próximos años tendrá la misma cantidad de habitantes que Río IV, la segunda ciudad de la provincia de Córdoba.

CASO NUEVO BANCO DEL CHACO
ESTE ES TU BANCO

1. Contexto

En el año 2010, luego de una larga historia de recuperación y organización, el Nuevo Banco del Chaco era una institución saneada, saludable y ordenada. Desde el punto de vista financiero y operativo. Con un posicionamiento general impactado por su historia y atravesado por los preconceptos asociados al banco público.

El foco puesto en la colocación de productos y servicios básicos, principalmente en el segmento de empleados públicos.

Sin un plan de marketing formalizado: sin estrategia de marca definida y un bajo nivel de posicionamiento de sus productos centrales tanto para individuos como para comercios y empresas: tarjetas, préstamos y paquetes.

Con la necesidad de generar "crecimiento sustentable" diversificando la cartera de productos y servicios y mejorando la rentabilidad global de su operación. En un mercado que se resiste a los operadores nacionales e internacionales porque "no conocen el mercado local y no hablan su idioma". Pero Tampoco se identifican con el Banco del Chaco y tienen además una valoración negativa de sus productos y servicios.

2. Diagnóstico

En las etapas iniciales del diagnóstico, los estudios de mercado mostraban un brand character (BC) bien definido. El BC es una técnica proyectiva que se utiliza en investigación de mercado para determinar el posicionamiento real de una marca. Se pregunta a los participantes: ¿Cómo sería esta marca si fuera una persona? ¿Qué rasgos tendría? ¿Cuál sería su edad? ¿Cuál sería su profesión? El NBCH estaba representado en ese momento por una persona de bajos recursos, que "anda en moto", con trabajo informal. Más bien viejo. Humilde. Los competidores en la zona, principalmente bancos internacionales, estaban representados por una imagen opuesta: ejecutivos con autos de alta gama, vestidos de trabajo, con mucho dinero y sofisticados.

Aun así, en esa personalidad se destacan y reconocían valores fundamentales que son difíciles de construir: transparencia, humildad, accesibilidad y pertenencia. "Es una persona de aquí". Existía entonces, una clara oportunidad para el banco:

apoyarse en la identidad local y el sentimiento de pertenencia que tiene la comunidad: el origen como ventaja comparativa. Para lograr un crecimiento sustentable en el mediano y largo plazo, era necesario: "RECONSTRUIR" LA MARCA. El vínculo emocional con el mercado. Pero sobre todo mejorar LA PROPUESTA DE VALOR.

Si lograba construir una marca con autoridad local y rejuvenecer la propuesta de valor podría entonces generar diferenciación y crecimiento sustentable.

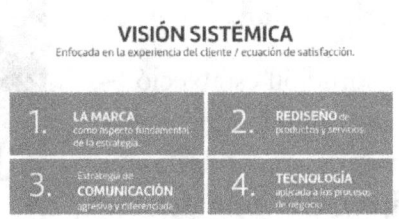

3. Objetivos

Luego del diagnóstico general, se definieron los objetivos del plan de marketing 2010-2020.

Para la primera fase de implementación: 2010.2015:

- Consolidar la posición de liderazgo de la institución en el mercado local.
- Mejorar la imagen de la institución, alcanzando un 85% de valoraciones positivas sobre el universo de clientes y no clientes.
- Mejorar el nivel de satisfacción de los clientes: alcanzando valor de 8,5 puntos.
- Incrementar en un 50% la cartera de clientes para el período 2011-2015.
- Desarrollar los canales digitales de la institución, alineados a las expectativas y necesidades del mercado.

Para la segunda fase de implementación: 2015.2020:

- Enriquecer la propuesta de valor con el desarrollo de "productos propios".
- Consolidar el posicionamiento de la marca y la vinculación con la comunidad.

4. Plan de Acción

La institución estableció 5 pilares fundamentales sobre los cuales se apoyó **la fase 1 de implementación del plan general:**

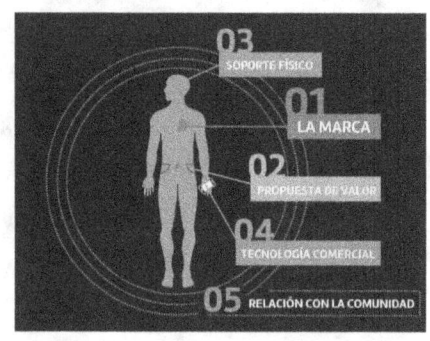

La Marca

El punto de partida fue repensar la MARCA, teniendo en cuenta la información generada en la fase del diagnóstico. Se definió como criterio trabajar sobre "EL ORIGEN" como lenguaje institucional.

El equipo de comunicación sintetizó el enfoque estratégico en una frase contundente: ESTE ES TU BANCO.

Y desarrolló una campaña institucional que giraba alre-

dedor de esta idea: "solo Nuevo Banco del Chaco puede ser TU BANCO".

El resultado fue muy positivo y durante los dos primeros años la conexión de la marca con el mercado fue muy fuerte.

Otro de los ejes centrales fue la redefinición completa de la propuesta de valor: el banco tenía claro que no solo tenía por delante el desafío de diseñar una buena campaña y conectarla con el mercado. Debía reconvertir su línea de productos y servicios para demostrar que tenía "la mejor propuesta para los clientes de la provincia".

Durante los primeros cuatro años de implementación, y luego de revisar y enriquecer los principales productos de alto valor percibido para el mercado, se desplegaron campañas de comunicación para potenciar el conocimiento y la valoración de la nueva línea de productos:

- Tarjetas de crédito
- Préstamos personales
- Préstamos prendarios
- Seguros
- Créditos para comercios y empresas

Soporte Físico y Canales Digitales

El tercer y cuarto eje tenían algo en común: repensar los "espacios de vinculación" con el mercado donde se ponen en juego los momentos de verdad con la marca: soporte físico y canales digitales.

En relación con el soporte físico, se implementó un plan de mejora en la infraestructura de atención con intervenciones de arquitectura comercial en las sedes principales y sucursales, y un fuerte proceso de expansión de la red que tuvo un crecimiento del 120% según se resume en el próximo cuadro:

	2009	2015
SUCURSALES	26	27
MINIFILIALES	22	38
CENTROS DE PAGO Y ATENCIÓN	1	14
CAJEROS AUTOMÁTICOS	60	161
	109	240

Por otro lado, el programa de Banca electrónica se apoyó en 4 pilares: ATM, Home Banking, Mobile y Social Media. Una "revolución" digital para una institución que no tenía casi presencia en esta dimensión.

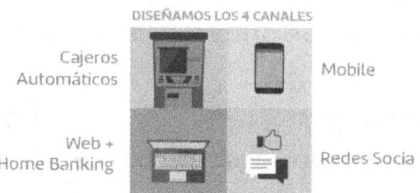

Relación con la comunidad
La Ética de un Banco

Tomando las palabras del Ex Presidente del directorio de NBCH, el Ingeniero Rafael González, que estuvo al frente del programa de Responsabilidad Social Empresaria de la institución entre 2015 y 2019: "el Nuevo Banco del Chaco SA ha consolidado el concepto de gobernar bajo la premisa de la Responsabilidad Social, cual es, conforme su interpretación, cumplir con los objetivos establecidos por el estatuto de la sociedad, pero hacerlo en el marco integral del contexto social en que desarrolla sus actividades".

De esta manera, y con una visión tan comprometida desde la alta dirección, el programa de RSE se convirtió en UN PROPÓ-

SITO y funcionó como un faro para ordenar gran parte de las decisiones estratégicas y operativas del banco. El Ing. González refuerza la idea: "el concepto de RSE se transformó en precepto con apoyo de la alta dirección y participación de todos los sectores, y puso el foco en un desafío central: transformar la realidad económica y social de su comunidad a través de soluciones financieras innovadoras y accesibles".

El programa se articuló con un enfoque estratégico sobre 4 ejes centrales que se describen en el gráfico siguiente:

Algunas de las acciones mas relevantes incluidas en estos 4 ejes:

- **Cobertura:** El banco está en 70 localidades, incluyendo pequeñas comunidades que no son consideradas rentables por los bancos privados, a través de sus 27 sucursales, las mini filiales, oficinas operativas y los centros de pago.

- **Consumo local:** Como parte del programa se promociona el consumo local a través de productos y de la TARJETA TUYA con planes especiales y tasas diferenciales para los comercios locales.

- Adelanto Chaco 24 es una solución que permite **anticipar compras, aun sin saldo disponible en cuenta**, en cualquier comercio con tarjeta de débito Chaco 24 sin pagar intereses.

- **Sectores Vulnerables:** Se implementó un programa de servicios financieros para Personal Doméstico: cajas de ahorro, cuenta corriente, tarjetas de crédito y préstamos personales para un sector vulnerable de la población que debe recurrir a crédito caro y muchas veces queda expuesto a lo inescrupuloso del mercado.

- El equipo de sistemas desarrolló localmente una adaptación para la tecnología usada en los cajeros para personas no videntes y **reemplazaron los audios por grabaciones usando idioma wichi y qom** para reducir las barreras de acceso a las comunidades originarias.

5. Resultados

- El banco creció en los principales indicadores macro durante la primera fase de implementación: +141% de evolución del patrimonio neto y +240% evolución del activo. Se incrementó en +380% el volumen de depósitos del sector privado y +297% en el volumen de préstamos otorgados.

- Entre 2010 y 2015 se logró un crecimiento del 85% de la cartera de clientes, con más del 20% de participación del sector privado. Y un incremento superior al 150% en casi todos los productos clave del plan comercial: tarjetas (+199%), seguros (+200%).

- Los canales digitales lograron excelentes indicadores de penetración y uso: +200% de incremento en operaciones por ATM, +270% crecimiento de usuarios en la plataforma de home banking y +400% de incremento en usuarios de mobile banking.

- En el 2011 la marca alcanzó la primera posición en el ranking Top Of Mind para la categoría BANCOS y mantuvo la primera posición en el ranking de liderazgo percibido.

- Durante la segunda fase de implementación, NBCH lanzó TARJETA TUYA, su tarjeta de crédito propia, que superó los 80.000 clientes activos con una red de 14 mil comercios adheridos que tienen presencia en toda la provincia.

- El programa integral de RSE implicó una inversión superior a los $700 millones, lo que supuso una resignación de utilidades en el orden del 45% en favor de la universalización de servicios y el abaratamiento del crédito para potenciar el desarrollo económico local.

CASO FUNDACIÓN URUNDAY
HACER DEL ARTE UN BIEN DE TODOS

1. Contexto

Fundación Urunday es una institución que nació hace 30 años en la ciudad de Resistencia, provincia del Chaco, una de las provincias que integran el Nordeste Argentino, con algo más de 1 millón de habitantes y uno de los PBG (producto bruto geográfico) más bajo del país.

Su fundador, Fabriciano Gómez, es un escultor chaqueño que triunfó en el mundo y volvió a su ciudad natal con un sueño: usar el arte como agente de transformación social y económica. Así comenzó en 1988 con los concursos nacionales de escultura, con un diferencial importante respecto a otros concursos: los escultores realizan su obra durante una semana, en vivo y en contacto directo con la gente.

Diez años después de aquel inicio, el concurso nacional se convirtió en Bienal Internacional. Hoy, es el certamen de escultura al aire libre más relevante del planeta. Cada 2 años, con más de 250 postulaciones, se seleccionan los 10 escultores internacionales más importantes del momento que compiten por el gran premio y son convocados alrededor de un tema o concepto sobre el cual deben desarrollar su obra.

Las obras resultantes de cada concurso son donadas a la fundación que luego las emplaza en la vía pública conformando el patrimonio escultórico de la ciudad. Esto ha convertido a Resistencia en el Museo al aire libre más grande del mundo. Es un fenómeno cultural y social. Las más de 650 obras que conviven en veredas y plazas de toda la ciudad están expuestas sin rejas ni vallas. Mármoles y bronces de gran valor que no sufren vandalismo y son custodiadas con recelo por todos los habitantes.

Desde hace unos años, es un proyecto observado por UNESCO, y el equipo trabaja bajo los parámetros definidos por la organización para ser declarado en el futuro como Patrimonio Cultural de la Humanidad.

2. Diagnóstico

En el año 2016, la fundación cumplía 28 años de historia. Estaba recorriendo los primeros 6 años de implementación de su primer plan estratégico 2010-2020 que había titulado: "Fundación Urunday 2020: Hacia una organización sustentable y transformadora".

La primera fase del plan estuvo orientada a generar un modelo organizacional sustentable para la cual se establecieron 3 ejes centrales. Mientras que el segundo tramo se enfocaba en potenciar el rol transformador de la institución:

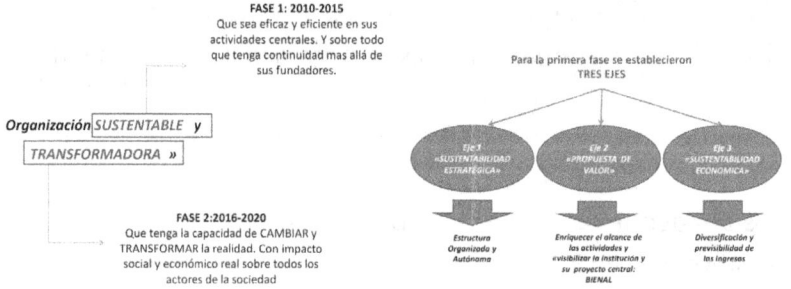

292

Los resultados de esta primera etapa habían sido muy exitosos:

- El fenómeno cultural se había regionalizado: había traspasado la frontera provincial.

- El concurso internacional de escultura seguía siendo el atractivo principal, pero la agenda de actividades paralelas había convertido a la BIENAL en una fiesta popular del arte y la cultura: teatro, artes escénicas, maestros artesanos y otras propuestas de entretenimiento completaban la propuesta de valor.

- La cantidad de visitantes había crecido exponencialmente: de 150.000 visitas durante la semana del evento en el 2012 a las 380.000 visitas alcanzadas en el Bienal 2016.

- Se había instalado la marca en los medios locales y nacionales. Pero aún tenía poco impacto en los medios regionales e internacionales.

En ese momento, la organización estaba trabajando en el diseño y la organización del próximo evento: LA BIENAL 2018. Un dato muy importante para tener en cuenta: el último día del evento se realiza la fiesta de premiación en la que se entregan los premios a los escultores ganadores.

¡Es un evento al que concurren más de 50 mil personas solo para descubrir qué artista logra el máximo reconocimiento! Y al cierre del evento se presenta la identidad y la comunicación para la próxima Bienal (sí, como leyó: con dos años de anticipación se presenta el tema, la fecha y la identidad completa de la siguiente edición).

La Bienal 2018 era una bienal especial: edición aniversario en la que se festejaban 30 años ininterrumpidos y 10 ediciones del concurso internacional. Además, la organización comenzaba la segunda parte del plan estratégico general (2016-2020).

La institución enfrentaba un desafío muy importante: ¿Mantener la propuesta de valor y el posicionamiento actual o redefinirse para lograr proyección internacional? ¿Seguir repitiendo la fórmula o cambiar?

Los dos caminos posibles:

Siempre apoyados sobre su ventaja competitiva y el core de su propuesta: **el público local como protagonista en contacto directo con los escultores y el concurso escultórico como actividad central de la propuesta general.**

3. Objetivos

- Consolidar el PLAN ESTRATÉGICO de la institución para el corto, mediano y largo plazo «FU 2020».
- Expandir el posicionamiento del evento y de la institución a nivel nacional e Internacional.
- Incrementar la DIVERSIFICACIÓN en el universo de visitantes: alcanzar el 10% de visitantes «extra zona».

- Superar en un 40% el volumen de visitantes totales para la edición 2018.
- Y consolidar el NIVEL DE SATISFACCIÓN de nuestros grupos de interés principales: Escultores, Expositores y Visitantes 8,5 Pts. Promedio.

4. Plan de Acción

El plan general se articuló sobre una idea central: "PENSAR EN MODO BIENAL". Ya no como "Bienal Internacional de Escultura", sino como BIENAL DE ARTE, potenciando el resto de las actividades que hasta aquí eran solo complementarias al concurso escultórico.

El plan se articuló sobre 4 dimensiones:

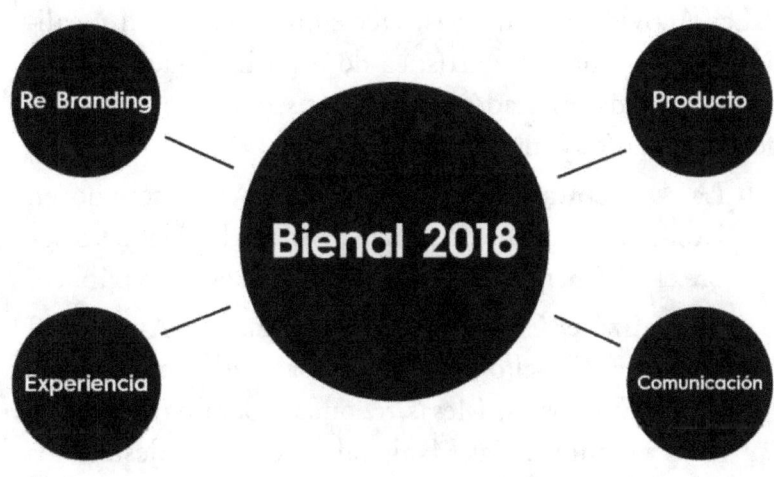

Dimensión 1
Producto

Pensar el evento como una fiesta popular, alineado a la misión y visión definida en la arquitectura estratégica de la organización: "Hacer del arte un bien de todos" y "El arte como agente de transformación".

Consolidar la fusión entre ARTE + CULTURA y ENTRETENIMIENTO.

Las actividades de la Bienal 2018 se estructuraron en 2 grandes ejes:

- #1 Concurso Internacional de Escultura: para esta edición "aniversario" fueron convocados los ganadores de las ediciones anteriores.
- #2 Las Actividades Paralelas: crecieron en cantidad y calidad. Agenda cultural y artística de nivel internacional que incluyó actividades académicas, artes escénicas, ates combinadas, artesanías y muestras:
  - ¤ **La Academia Nacional de Bellas Artes** sesionó en Resistencia durante la semana BIENAL y deliberó sobre el fenómeno de las esculturas en el espacio público.
  - ¤ **Se realizó el Congreso Internacional de Artes:** 180 Ponencias de alto nivel en mesas temáticas, Workshops, Simposios, Mesas redondas, Seminarios intensivos y Conferencias Magistrales a cargo de destacados especialistas Nacionales e Internacionales con más de 1.200 asistentes con presencia de docentes y alumnos de Argentina, Paraguay, Brasil, Colombia, México, Estados Unidos y Francia.

¤ Por primera vez en Argentina, se desarrolló el **"Seminario de Arte, Derecho, Patrimonio y Urbanismo"**: 4 destacados expositores y más de 190 asistentes de 13 provincias argentinas.

¤ Se realizó el 4º Encuentro de **Maestros Artesanos Argentinos y el 6º Encuentro de Artesanos** de Pueblos Originarios.

Dimensión 2
Comunicación

Se diseñó una estrategia integral de alto impacto, estructurada en 4 momentos clave:

Los 4 Momentos:

1 — Pre Campaña
2 — Lanzamiento
3 — Campaña Mundial
4 — Campaña Por Amor Al Arte

Pre Campaña

Durante el primer semestre de 2018, la institución capitalizó el universo de referentes y celebrities de la cultura, el arte y el espectáculo que conocían el proyecto y estaban "enamorados" del fenómeno. Se produjeron materiales audiovisuales en modo "testimonial" en los que estos personajes invitaban a la comunidad a descubrir el evento.

Se convirtieron en verdaderos embajadores de la marca:

Valeria Mazza   Pedro García Demestre   Pepe Soriano

Miguel Ángel Ciuro Caldani   David Ruda   Arturo Bonin

Lanzamiento

En marzo y abril de 2018 se realizaron los dos eventos de lanzamiento para invitados especiales y prensa: el primero en Casa de las Culturas de la Provincia del Chaco y el segundo en Ciudad Konex para el mercado de Buenos Aires.

Dos eventos presenciales de alto impacto con la presentación de la grilla de actividades a cargo del presidente de la Fundación Urunday, Fabriciano Gómez, y un espectáculo en vivo que presenta el tema original del evento compuesto por un músico local que compone e interpreta la música de la Bienal usando más de 30 instrumentos.

Campaña "Mundial"

El 2018 fue un año especial. Como sucede cada 4 años, se jugaba la Copa Mundial de fútbol. El evento deportivo más visto en todo el planeta. Esa gran "ola comunicacional" podía convertirse en una amenaza o en una excelente oportunidad.

El Mundial de Fútbol y la Bienal tenían algo en común: La Bienal Internacional de Escultura es el suceso escultórico más importante del mundo. De esta manera nació un concepto muy relevante para la campaña que potenció toda la estrategia de comunicación: "EL MUNDIAL SE JUEGA EN CHACO".

Dimensión 3
Marketing de Experiencia

La Bienal se ha convertido en uno de los eventos más relevantes del interior del país y sin duda el más convocante del nordeste Argentino. Con más de 400 mil visitas durante la semana de realización y 50 mil asistentes al evento de cierre.

El financiamiento del proyecto, en su mayoría, se realiza a través de la ley provincial de mecenazgo, que permite a las empresas elegir un proyecto cultural y derivarle parte de su aporte impositivo provincial. Entre los mecenas de la fundación están las principales marcas locales, nacionales e internacionales que tienen presencia en la provincia, tales como: YPF, Coca Cola, Tarjeta Naranja, Grupo Telecom, OSDE, Cetrogar, FarMar, Hierros Líder, ERSA, entre otros.

Como contraprestación a su aporte, los mecenas tienen asignados espacios para la promoción de sus marcas durante la semana del evento.

Para la edición 2018, el equipo de comunicación institucional trabajó con algunas de las marcas principales para "convertir" la participación promocional tradicional (el clásico stand y las promotoras) por la generación de experiencias memorables para los visitantes, vinculadas con el arte y la cultura:

ERSA con el artista local Luciano Acosta interviniendo un colectivo con niños y Marta Minujín en su charla sobre arte efímero, patrocinada por Naranja.

Dimensión 4
Re-Branding

Al cierre de la BIENAL 2018, el equipo de gestión presentó la identidad de la siguiente edición. En esta oportunidad el cambio fue muy profundo: la Bienal Internacional de Escultura se convirtió en la Bienal del Chaco:

**Pieza Institucional BIENAL 2020, con aplicación de la nueva marca.
Finalmente, el evento debió suspenderse debido al COVID-19.**

5. Resultados

- La edición 2018 superó todos los registros históricos: 600 mil visitantes durante la semana de realización del evento.

- Entre 2016 y 2018 se lograron más de 2500 notas y menciones periodísticas en medios locales, nacionales e internacionales.

- Se generaron 12% de visitantes EXTRA-ZONA: con fuerte participación de Capital Federal (9% del total).

- 68% de los visitantes a EXTRA-ZONA a la Bienal realizar su viaje SOLO PARA PARTICIPAR DEL EVENTO, generando ocupación plena de las plazas hoteleras durante la semana del evento.

- Los niveles de satisfacción y lealtad (NPS) de todos los grupos de interés auditados en el sistema de gestión de calidad superaron todos los indicadores históricos: 9,2 puntos de satisfacción promedio y +90 de valor neto en NPS.

- Se lanzó la nueva marca BIENAL DEL CHACO 2020, que permitió instalar el evento en el plan internacional y dentro del concierto de las Bienales de Arte más relevantes del mundo como la Bienal de San Pablo y la Bienal de Venecia.

EMPRESAS Y MARCAS MENCIONADAS EN ESTE LIBRO

- ADIDAS
- AIRBNB
- Ala
- Amazon
- ARNET
- Banco GALICIA
- BLOCKBUSTER
- BOOTS THE CHEMIST
- Bunge & Born
- CARREFOUR
- CENCOSUD
- CHANEL
- CLIGHT
- Coca-Cola
- Colgate Palmolive
- CONESTUR
- CVS PHARMACYS
- DANONE
- DÍA %
- DISCO PLUS
- DUKE,
- EASY Home Center
- EDISUR
- FACEBOOK
- FORD
- FOREVER 21
- Galerías Lafayette
- Gap

- Google
- Gymboree
- Harrod's
- Havas Group
- Hipermercado LIBERTAD,
- HootSuite
- Hyatt
- INSTAGRAM
- IPHONE
- J. C. Penney
- Johnson y Johnson
- LA CABALLERIZA
- La Maison Du Bon Marché
- Las chicas de la 3
- LEVI'S
- LIBRERÍAS BORDER
- McDonald's
- Mercado Libre
- Molinos Río de la Plata
- Mondelez
- Musimundo
- NATURA & Co
- NESTLÉ
- NETFLIX
- Nuevo Banco del Chaco
- OPEN SPORTS
- ÓPTICA EXPRESS
- Parodontax
- Payless ShoeSource
- PERSONAL
- PEUGEOT

- PINTEREST
- PlayStation
- PROCTER & GAMBLE
- SAINSBURY'S
- Sancor Salud
- SAVA
- SEARS
- SHELL
- Shopping Centers LOS ALTOS
- SKYPE
- SPOTIFY
- Supermercado QUIJOTE
- Supermercados NORTE
- TELECOM
- TESCO
- THE BODY SHOP
- TINDER
- TRIPADVISOR
- TWITTER
- U. S. ArmyWar College
- UBER
- Uber
- Unilever
- Victoria's Secret
- VISA
- WhatsApp
- WIKIPEDIA
- Yenny/El Ateneo
- YOUTUBE
- YPF SERVICLUB

Bibliografía

Abell, Derek F. *Definiendo el Negocio: El punto de partida del planeamiento estratégico.*

Ansoff, H. I. (1957). "Strategies for diversification". *Harvard Business Review*, 35(5), 113-124.

Arnold III, Archibald V. *Visión estratégica: qué es y cómo se hace.* (Carlisle Barracks, PA: US Army War College, 1991), 15, notas finales.

Ascher, Mario. *Marketing y Clientes, conseguirlos, retenerlos y crecer con su recomendación.* Gárgola Ediciones, 4ta. Edición 2012.

Barico, Alessandro. *El Juego.* Editorial Anagrama. 2019.

Bauman, Zygmunt. *Modernidad Líquida.* Fondo de Cultura Económica, 2015.

Booms, BH, Bitner, MJ. *Marketing Strategies and Organization Structures for Service Firms.* Asociación Americana de Marketing. 1981.

Borden, Neil. *The Economic Effects of Advertising* (1942). RD Irwin, Incorporated.

Brunetta, Hugo. *La EXperiencia del cliente. De la estrategia a la implementación.* Planeta Libros, 2019.

CACE. Kantar. "Estudio Anual de Comercio Electrónico". https://www.cace.org.ar/estadisticas

Clancy, Kevin. *Marketing MARKETING, NO INTUICIÓN. Alcance resultados extraordinarios usando el sentido no común.* Editorial Vergara. Buenos Aires, 2004.

Clarín. "Las Chicas de la tres". https://www.clarin.com/gourmet/las-chicas-de-la-3-mercado-central-netflix_0_D68UqtSjh.html

CLAVES ICSA. "Monitor Sectorial". www.monitorsectorial.com.ar

Danziger, Pamela N. Al por menor. FORBES. 2019: https://www.forbes.com/sites/pamdanziger/2019/04/10/retail-down sizing-will-accelerate-as-75000-stores-will-be-forced-to-close-by-2026/#30529134339e

Doerr John. *Mide lo que importa: Cómo Google, Bono y la Fundación Gates cambian el mundo con OKR (Measure What Matters: OKRs: The Simple Idea that Drives 10x Growth)*. Conecta. 2019.

Doran, GT (1981). "Existe una forma INTELIGENTE de redactar las metas y los objetivos de la administración". Management Review, 70, 35-36.

Drucker, Peter F. (Peter Ferdinand). *Practice of management*. New York, Harper 1954.

Universidad de Pennsylvania. Escuela de Negocios Wharton. Discovering 'WOW', A Study of Great Retail Shopping Experiences in North America.

Edelman Trust Barometer 2020.

Fehrmann, Alejandra "How To Be Remarkable: Brand Reputation, Customer Experience And Purpose". Forbes.com, 2020.

Godin, Seth. *C Generation. Seth's Blog*. 30 de marzo de 2020.

Godin, Seth. *Permission Marketing*, Simon & Schuster 1999.

Gracia Daponte, Gaspar. "RADAR Micro Competitividad". Unión Industrial de Córdoba. 2017.

Gracia Daponte, "Gaspar. Reporte GDA COVID-19". 2020.

HAVAS. Informe Meaningful Brands 2019. https://www.meaningful-brands.com/en

HootSuite. "Be Social". Enero 2020. https://hootsuite.com/es/research/social-trends

Kotler, Philip. *Dirección de Marketing. Conceptos Esenciales*. Prentice Hall. 2002.

Levitt, Theodore. *Marketing Myopia*. Harvard Business Review. 1957.

Levy, Alberto R. *Marketing Avanzado: Lo Estratégico y lo táctico, Lo Simbólico y lo real*. Granica. 1994.

Maslow, Abraham. *Una teoría sobre la motivación humana*. 1943.

McCarthy, E. Jerome (1960), *Basic Marketing: A Managerial Approach*. Homewood, IL: Richard D. Irwin, Inc.

Mitchell, Arnold. *VALS: Values and Lifestyes*. SRI Institute. 1978.

Newell, Frederick *Why CRM Doesn't Work, How to Win by letting Customers Manage the Relatonship*. Bloomberg Press, 2003.

Norman, Richard. *Service Management: Strategy and Leadership in the Service Business*. John Wiley & Sons Ltd, 1984.

Pentland, Alex. *Social Physics: How Good Ideas Spread-the Lessons from a New*. 2014.

Pentland, Alex *The new science of building great teams*. Harvard Business Review. 2012.

Peppers, Don y Rogers, Martha. *ONE TO ONE, B2B. Customer Development Strategies for the Business-to-Business World*. Doubleday, 2001.

Peppers, Don y Rogers, Martha. *Uno por Uno. El Marketing del Siglo XXI*, publicado en inglés por Crown Business y Currency Doubleday en 1993, y en español en 1996.

Peters, Tom. Phillips, Julien R. y Waterman, Robert H. *Estructura no es Organización*. Business Horizons. 1980.

Porter, Michael. Estrategia Competitiva. *Técnica para el análisis de los sectores industriales y la competencia*. Compañía Editorial Continental. 1982.

Porter, Michael. *Ventaja Competitiva. Creación y sostenimiento de un desempeño superior*. Compañía Editorial Continental. 1998.

Prahalad, C. K., Hamel, Gary. *Compitiendo por el futuro. Estrategia crucial para crear los mercados*. Ariel. 1990.

Prahalad, C. K., Hart's, Stuart. "The Fortune at the Bottom of the Pyramid" Business Issue 26. Q1 2000.

SAIMO. *Informe de Tendencias Investigación de Mercado 2019.*

SCHIFFMAN, León G. y Lazar Kanuk Leslie. (2005). *Comportamiento Del Consumidor.* 8° Edición. México: Ed. Pearson Educación.

Taleb, Nasim Nicholas. *El cisne negro: el impacto de lo altamente improbable.* Ediciones Paidós Ibérica 2008.

Trout, Jack, Ries, Al. *Posicionamiento.* Mc Graw Gill. 1980.

Unilever. Sitio Web Corporativo. https://www.unilever.com.ar/brands/our-brands/argentina/ala.html

Walton Sam. *Made in America. My Story.* Doubleday, 1992.

WTO, World Trade Organization. *How COVID-19 is changing the world: a statistical perspective.*

Yankelevich, Daniel y Meer, David. "Redescubriendo la segmentación de mercados". Harvard Business Review. Abril 2006.

Yankelovich, Daniel. "Segmentación no demográfica". *Harvard Business Review.* 1964.

Zeithaml, Rust, y Lemon. "Driving Customer Equity. How Customer Lifetime Value is Reshaping Corporate Strategy". Free Press 2000.

Este libro se terminó de imprimir
en **Gráfica MPA**
en el mes de diciembre de 2020
Luis Sáenz Peña 647 - CABA
Buenos Aires - Argentina